인공지능과 함께하는 파이썬

복거철 · 정회경 지음

성진미디어
SungJin Media Co

저자 소개

복거철

- 컴퓨터공학을 전공하여 Texas A&M University, College Station에서 신경망을 이용한 영상처리에 관한 연구로 박사학위를 취득하고 중국 연변과학기술대학에서 10여 년을 재직하였고, 현재 배재대학교에서 가르치고 있다. 초기에는 C, Java를 이용하여 연구를 진행하다가, 딥러닝 연구를 본격적으로 시작한 이후 파이썬을 이용하여 모든 연구를 진행하고 있다.
- 주요 연구 관심 분야는 영상처리, 인공지능, 생물정보학, 온라인 매체를 활용한 컴퓨터 교육을 포함한다.

정회경

- 광운대학교를 거쳐 현재 배재대학교 컴퓨터공학부 교수로 재직 중이다. 배재대학교 AI, SW창의 융합대학 학장, AI, SW중심사업단 사업단장 등을 역임하였으며, 한국정보 통신학회 회장 등을 역임하였다.
- 주 관심 분야는 멀티미디어, 컴퓨터그래픽스, 인공지능, 빅 데이터 분석 등이 있다.

인공지능과 함께하는 파이썬

저　자 | 복거철 · 정회경
발행인 | 채희선
발행처 | 성진미디어
발행일 | 2021년 11월 30일
등　록 | 제311-2010-23호

전 화 | 02)374-4363(대표)
팩 스 | 02)375-4362
주 소 | 서울시 은평구 증산동 248 중앙하이츠상가 B101호

ISBN 978-89-98308-44-5
값 15,000원

- 본 교재는 과학기술정보통신부 및 정보통신기획평가원에서 지원하는『소프트웨어중심대학』사업의 결과물입니다.
- 본 교재의 내용은 전재할 수 없으며, 인용할 때에는 반드시 과학기술정보통신부와 정보통신기획평가원의『소프트웨어중심대학』의 결과물이라는 출처를 밝혀야 합니다.

머리말

인공지능과 빅데이터가 주도하는 소프트웨어 중심사회가 도래하면서 그 어느 때보다 소프트웨어 교육의 중요성이 부각되고 있다. 본 교재는 파이썬을 통해 컴퓨팅 사고 (Computational Thining)를 훈련하며 인공지능을 기반으로 문제 해결 방법을 익힐 수 있도록 구성하였다.

본 교재의 특징은 다양한 유형의 문제를 통해 학생 스스로 실습을 하며 프로그래밍의 기법을 익힐 수 있도록 하였으며, 각 장마다 기초적인 내용의 습득을 확인하는 연습문제와 실력을 향상을 목표로 하는 프로그래밍 연습 문제를 기본기와 응용 능력을 배양할 수 있도록 하였다.

학습 분량은 대학의 교양과정이나 기초 전공과정에서 한 학기에 학습할 수 있는 내용으로 13주에 맞추어 구성하였다.

교재의 구성은 학생들의 흥미를 유도하고 학습동기를 유발시킬 수 있도록 비트연산자 같이 활용도가 제한적인 토픽은 과감히 생략하고 학기 초반에 터틀그래픽을 학습하고 이를 학기 중에 계속 활용할 수 있도록 순서를 구성하였다. 그리고 일반적인 파이썬 교재에서는 함수에 관련된 내용을 교재의 후반부에 배치하는 경향이 있으나 본 교재에서는 초반부에 배치하여 기본적인 함수의 개념을 일찍 익혀서 여러 주제들과 함께 활용할 수 있도록 하였다. 본 교재의 후반부에는 인공지능과 관련된 기술 및 개념을 소개하였다. 인공지능과 관련된 파이썬 코드의 실행은 jupyter notebook 또는 Spyder를 이용하는 것을 권장하며 대화형 모드로 실행하는 예를 제시하였다.

본 교재가 파이썬을 학습하고 인공지능의 개념을 이해하는데 유용한 길잡이가 되기를 바라며 학생들의 분발을 기대한다.

2021년 10월

저자

차례

제1장
파이썬 소개

1.1 파이썬 소개

파이썬은 1991년에 네덜란드의 귀도 판 로썸(Guido van Rossum)이라는 프로그래머에 의해 만들어진 프로그래밍 언어로서 현재 전 세계적으로 다양한 소프트웨어 개발에 널리 쓰이고 있다. 그림 1-1은 IEEE Spectrum에서 조사한 프로그래밍 언어의 인지도 순위를 보여주는데 파이썬이 상위에 위치해 있음을 알 수 있다.

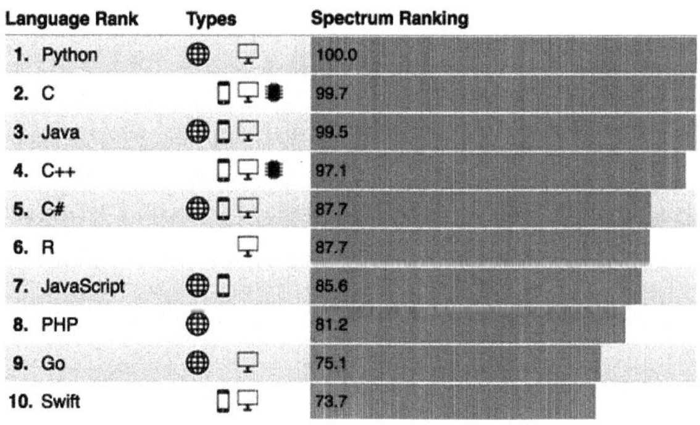

그림 1-1 프로그래밍 언어의 인지도 순위

파이썬의 가장 두드러진 점은 배우기 쉬우면서 전문적인 영역에 이르기까지 응용성이 높다는 것으로써 다음과 같은 특징이 있다.

- 초보자도 배우기가 쉬운 언어이다.
- 다양한 분야의 전문가들이 사용하고 있다.
- 다양하고 풍부한 오픈소스 라이브러리를 사용할 수 있다.
- 서로 다른 컴퓨터 환경에서 이식성이 뛰어나다.

최근에 파이썬이 각광을 받고 있는 이유는 배우기가 쉬울 뿐만 아니라 다른 언어에 비해 쉽고 간결한 문법을 제공하므로 딥러닝 같은 인공지능과 데이터과학 및 생명공학 분야에서 생산성이 높은 코드를 작성할 수 있기 때문이다. 파이썬을 사용하는 사용자가 많다는 것의 또 다른 장점은 유용한 코드를 서로 공유하는 커뮤니티가 활발하게 형성되어서 모든 코드를 처음부터 다시 작성하는 것 보다 코드 공유를 통해 더욱 안전성과 신뢰성을 보장할 수 있는 프로그램을 개발할 수 있다는 점이다.

1.2 파이썬 프로그램 설치

파이썬 개발환경을 구축하려면 간단히 파이썬 컴파일러를 다운로드하여 설치하는 방법과 수학/과학 및 데이터과학 관련 라이브러리 같은 다양한 라이브러리를 패키징하여 제공하는 아나콘다(anaconda)라는 개발환경을 설치하는 방법이 있다. 이 두가지 방법 중에서 자신의 환경과 필요에 맞게 선택하여 설치하면 된다.

1.2.1 파이썬 컴파일러 설치하기

파이썬 컴파일러만을 설치하려면 다음과 같이 python.org 사이트에 가서 설치 파일을 다운로드하여 실행한다.

1. 파이썬 웹사이트 (https://www.python.org)에 접속하여 노란색 'Download' 버튼을 클릭하여 자신의 컴퓨터에 맞게 32-bit 또는 64-bit 설치파일(.exe)을 다운로드한다. 64-bit 컴퓨터에서는 32-bit 실행파일을 설치해도 문제가 없다.

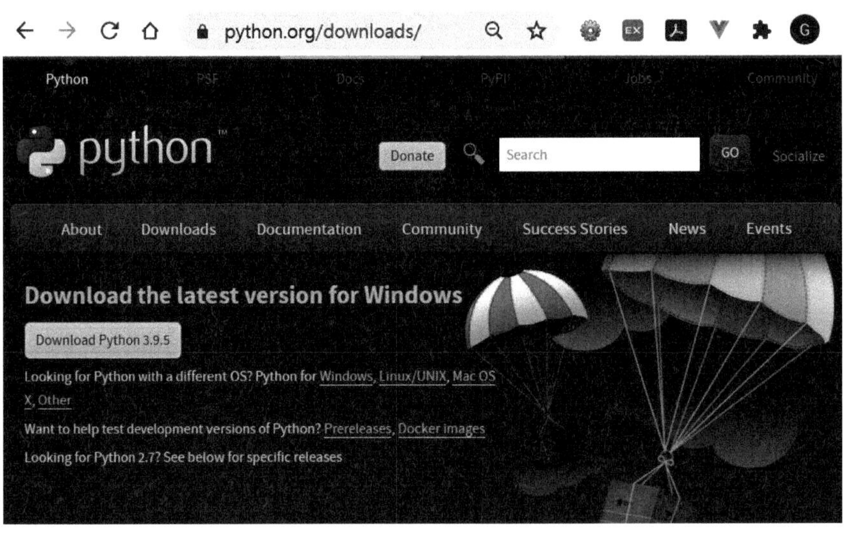

2. 다운로드한 설치파일을 더블클릭하여 실행을 하면 다음과 같은 대화상자가 나온다. 체크박스에 체크를 한 다음에 'Install Now'를 클릭한다.

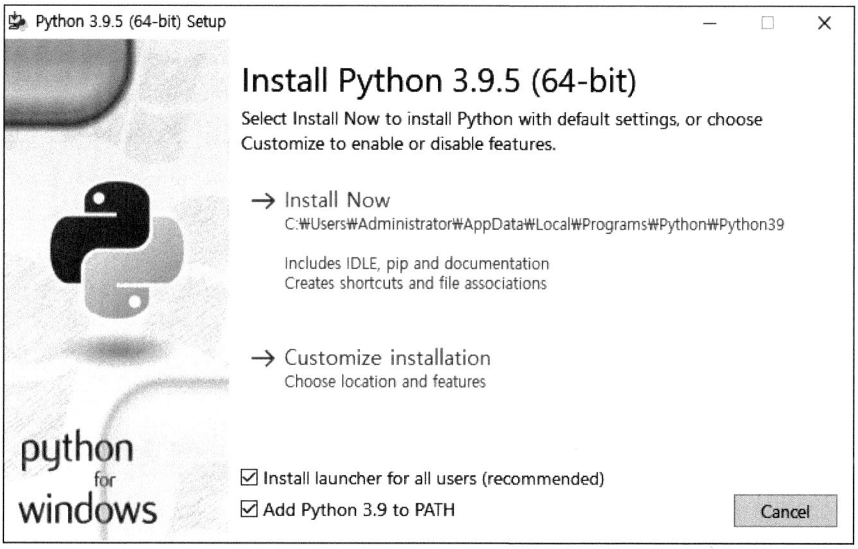

3. 설치파일이 성공적으로 실행되면 잠시 후에 설치가 성공적으로 끝나다는 메시지가 나온다.

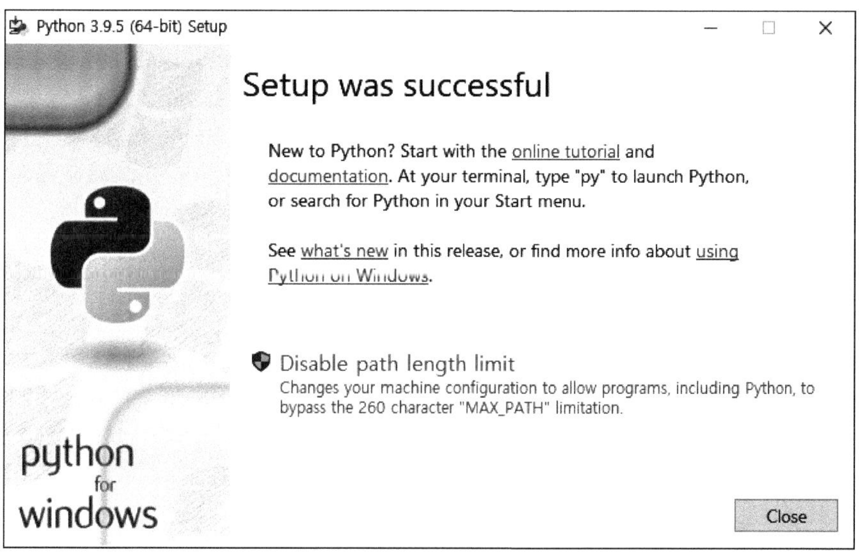

4. 'Close' 버튼을 누르고 설치를 끝낸 후에 키보드의 윈도우 버튼을 클릭하면 다음과 같이 '최근에 추가된 앱'에 파이썬 프로그램이 설치된 것을 볼 수 있다. 파이썬을 실행하려면 IDLE 항목을 클릭하면 파이썬 쉘이 화면에 나오고 프로그램 코드를 입력하여 실행할 수 있다.

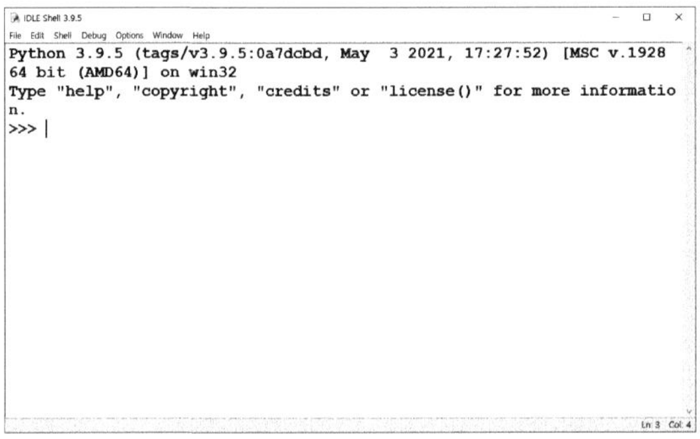

1.2.2 아나콘다 설치하기

아나콘다는 개인버전(Individual version)과 기업버전(Enterprise version)으로 나누어 라이선스를 제공한다. 웹사이트 https://www.anaconda.com/products/individual에 가면 개인버전을 다운로드할 수 있다.

1. 아나콘다 웹사이트에 가서 다운로드 버튼을 클릭하면 다음과 같이 선택화면이 나온다. 자신의 컴퓨터에 맞는 버전을 선택하여 설치파일을 다운로드 한다. 참고로 아나콘다에 포함된 파이썬은 최신 버전이 아닐 수 있다.

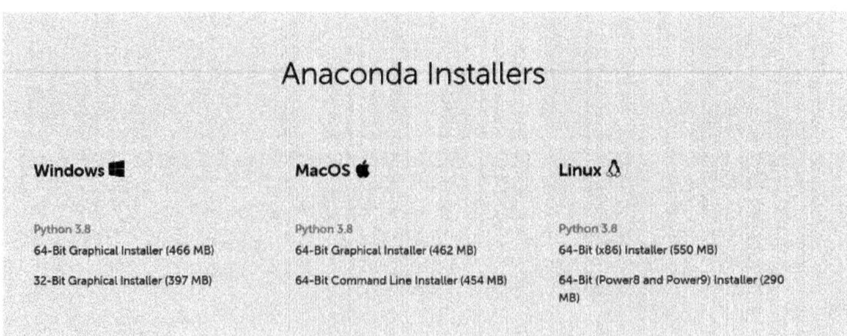

2. 설치파일을 실행을 하면 다음과 같이 화면이 나오고 Next를 버튼을 클릭하여 다음 순서로 넘어간다.

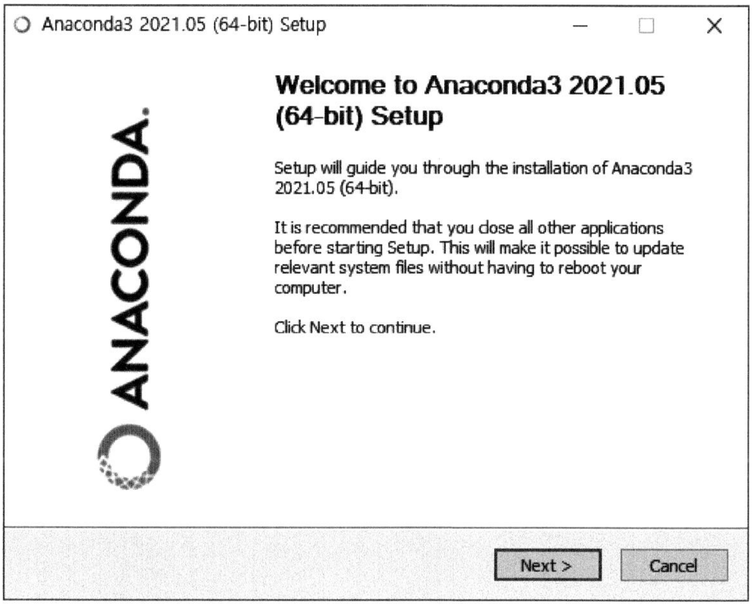

3. 라이선스 조항에 동의함을 선택한다.

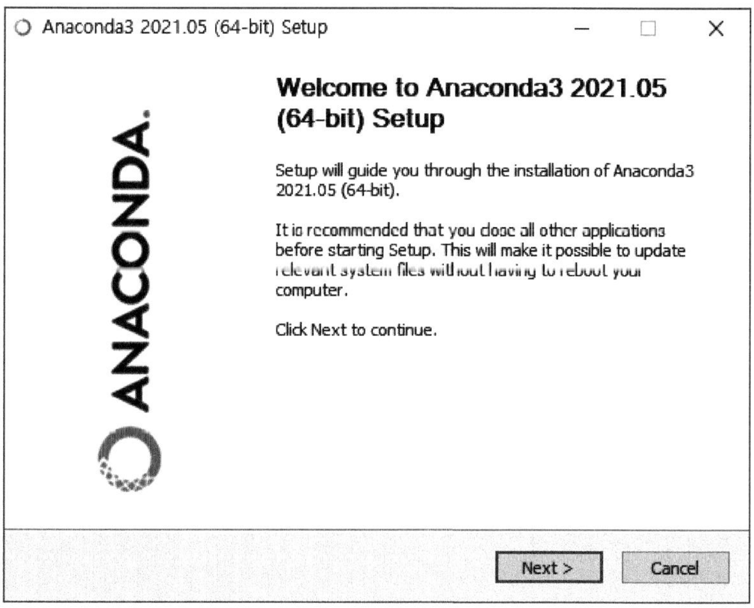

4. 자신의 환경에 맞게 사용자를 선택한다. 모든 사용자에게 사용을 허가하려면 Admin 권한이 필요하다.

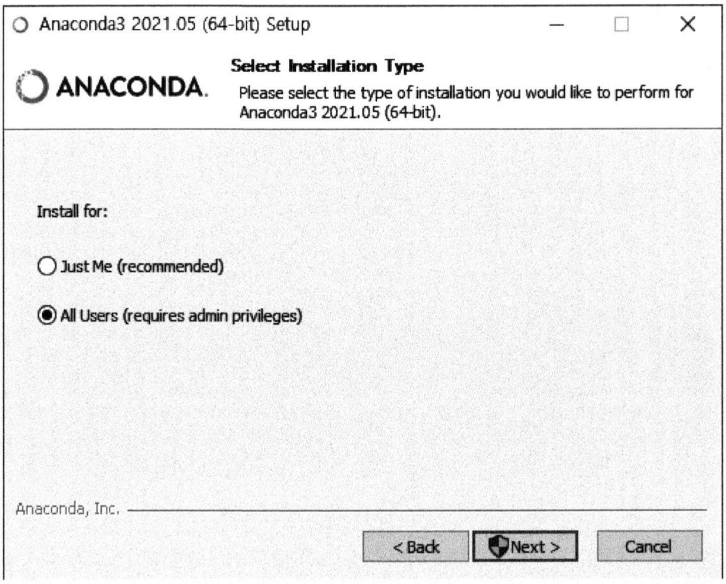

5. 고급 옵션을 체크한다. 여기서 첫 번째 옵션은 시스템 경로에 아나콘다를 추가할 것이지를 선택하는 것인데 윈도우 시작 앱에서 아나콘다를 실행하는 경우에는 체크를 하지 않아도 된다. 다음으로 현재 설치하는 파이썬을 시스템의 기본으로 할 것인지를 체크하는 것이다. 컴퓨터에 여러 버전의 파이썬이 설치되었을 경우 아나콘다와 함께 설치하는 파이썬 버전을 기본으로 한다.

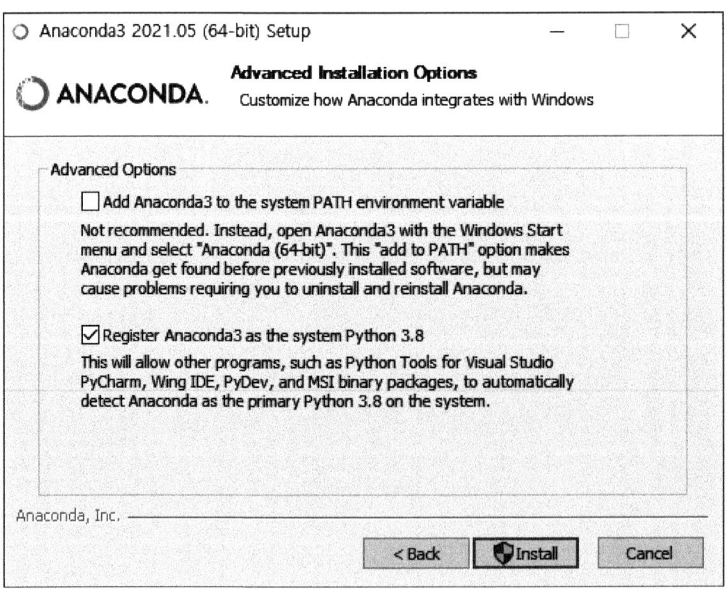

6. Install 버튼을 클릭하면 설치가 시작된다. 설치가 끝나면 윈도우 키를 눌러서 새로 설치된 앱의 목록을 볼 수 있다.

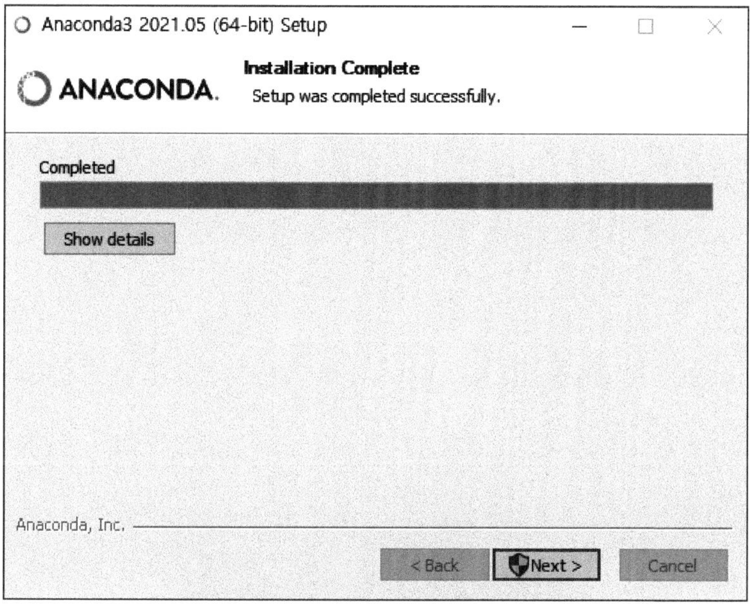

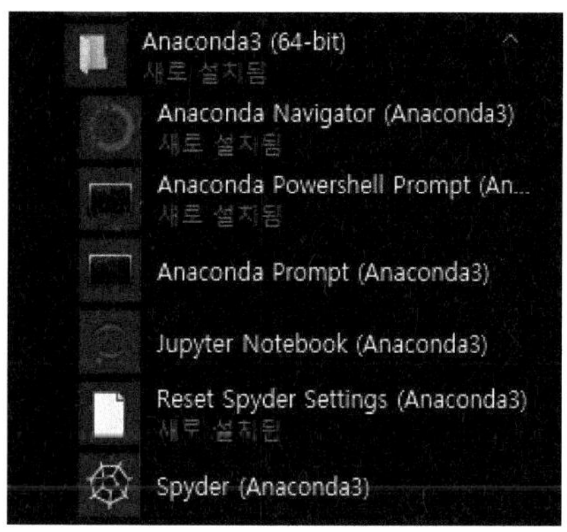

1.3 파이썬 프로그램의 실행

파이썬 컴파일러를 설치하거나 아나콘다 환경을 설치한 후에, 파이썬 코드를 실행할 때 두 가지 모드에서 실행을 할 수 있다. 즉, 사용자가 한 명령문씩 실행을 하고 실행 결과를 즉시 볼 수 있는 대화형 모드(Interactive mode)와 에디터로 프로그램 소스 코드를 작성하고 이를 파일로 저장한 후에 실행을 하는 스크립트 모드(Script mode)가 있다.

1.3.1 대화형 모드에서 실행하기

파이썬 컴파일러를 설치하면 IDLE 쉘이 자동적으로 설치된다. 키보드에서 윈도우 버튼을 누르면 앱 목록이 나오면서 IDLE을 볼 수 있다. 이를 클릭하여 실행하면 파이썬 쉘 창이 나온다. 대화형 모드에서 코드를 실행하려면 프롬프트(>>>)에 명령문을 입력하고 Enter키를 누르면 실행된다.

파이썬 쉘에서 다음과 같이 3+7 덧셈을 입력하고 Enter키를 눌러서 실행하면 결과값 10이 즉시 출력되는 것을 볼 수 있다. 2*4 곱셈을 실행하면 결과값 8이 출력되는 것을 볼 수 있다.

```
Python 3.9.5 (v3.9.5:1880cb95a742, Jan 16 2021, 16:02:32)
[MSC v.1900 64 bit (AMD64)] on win32
Type "copyright", "credits" or "license()" for more
information.
>>> 3 + 7
10
>>> 2 * 4
8
```

아나콘다 환경에서 대화형 모드로 실행을 하려면 Anaconda Prompt에서 실행을 해도 되지만 주피터 노트북(Jupyter Notebook) 또는 스파이더(Spyder)에서 실행을 하는 것이 더 편리하다.

먼저, Jupyter Notebook을 실행하는 법을 알아보자. 키보드에서 윈도우 키를 누르면 앱 목록이 나오는데 이 중에서 Anaconda 폴더 아래에 있는 Jupyter Notebook을 선택한다. 그러면 인터넷 브라우저가 열리고 다음과 같은 웹페이지를 보여준다.

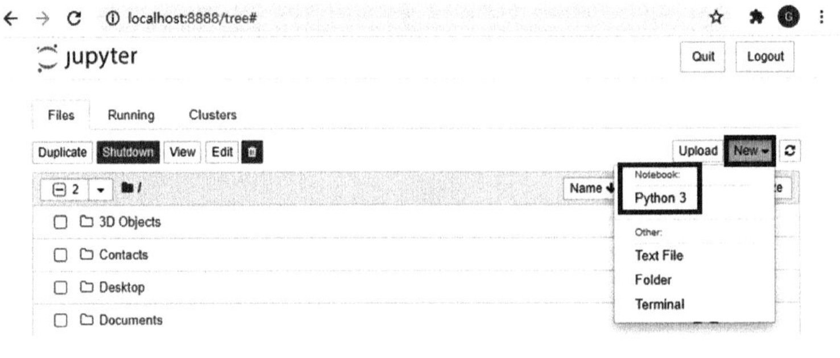

오른쪽 위 New 버튼의 역삼각형을 클릭하면 노트북을 선택할 수 있는 드롭다운 메뉴가 나온다. 여기에서 Python 3 버전의 노트북을 선택하면 다음과 같은 화면이 나온다.

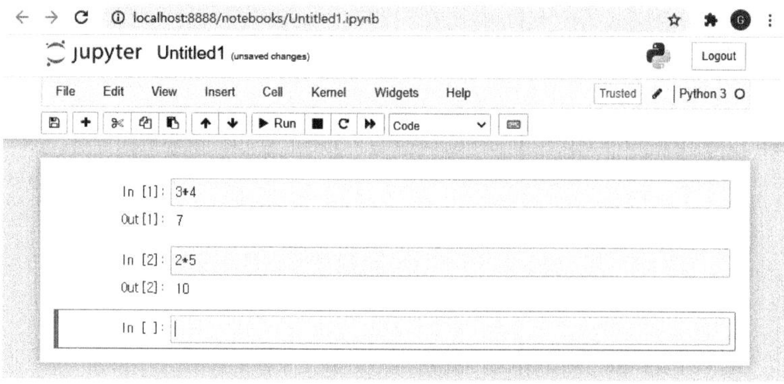

In [1]: 다음의 입력 필드에 명령을 입력하고 Shift + Enter 키를 누르면 명령이 실행되고 다음 Out[1]: 필드에 출력된다. 그 다음 라인의 필드에 계속해서 입력하고 Shift + Enter 키를 눌러서 대화식 모드로 코드를 실행할 수 있다.

Spyder는 대화형 모드와 스크립트 모드에서 모두 실행을 할 수 있다. 키보드에서 윈도우 키를 누르고 앱 목록 중에서 Anaconda 아래에 있는 Spyder를 실행한다. 그러면 아래와 같은 화면이 나온다. 왼쪽의 패널은 스크립트 모드에서 프로그램을 작성하는 에디터이고 오른쪽 아래에 대화식 모드에서 명령문을 실행할 수 있는 프롬프트가 배치되어 있다.

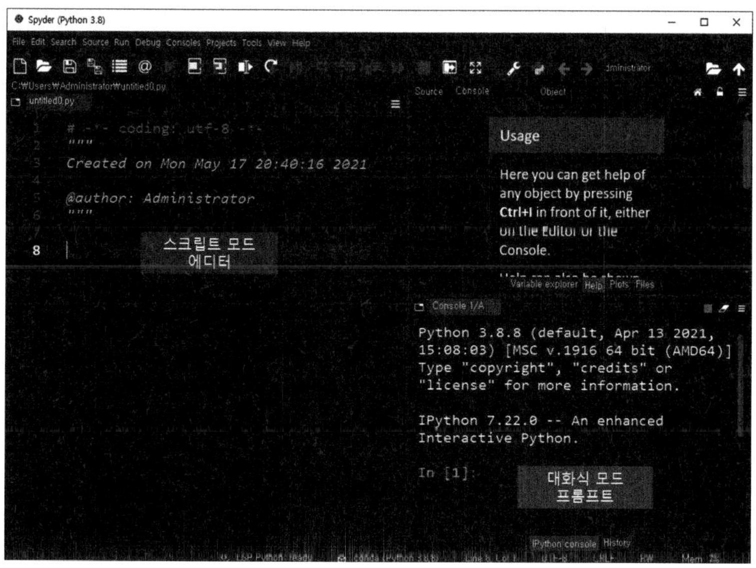

1.3.2 스크립트 모드에서 실행하기

먼저, IDLE에서 스크립트 모드로 프로그램을 작성하는 법을 알아보자. IDLE 쉘에서 File 메뉴를 선택하고 New File 항목을 선택하면 에디터 화면이 새로 만들어진다. 이 에디터에 프로그램을 작성하고 F5 키를 누르면 파일 이름을 입력하는 대화상자가 나온다. 파일 이름을 지정하고 저장하면 IDLE 쉘에 결과값이 출력되는 것을 볼 수 있다.

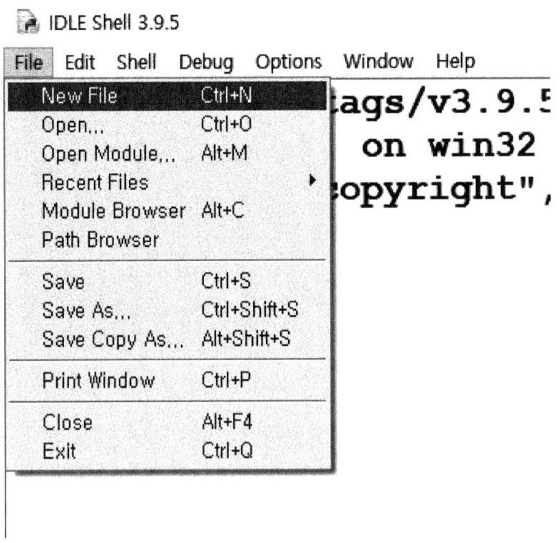

위와 같이 New File 항목을 선택하여 에디터를 열고 다음과 같이 덧셈을 출력하는 한 문장을 입력하자. 그리고 F5 키를 누른 후 파일 이름을 test.py로 입력하고 저장하면 쉘에 결과값이 출력되는 것을 볼 수 있다.

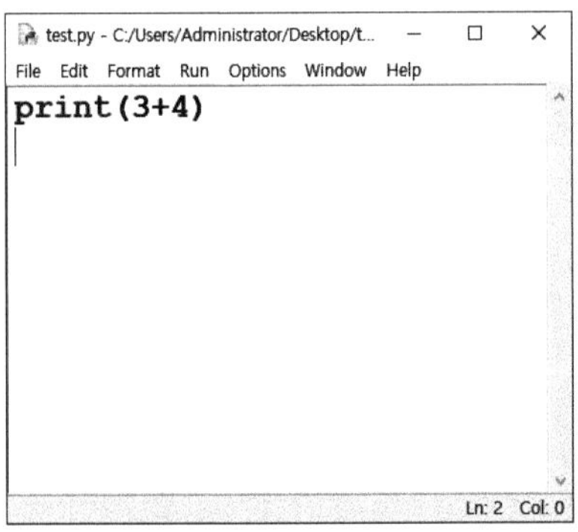

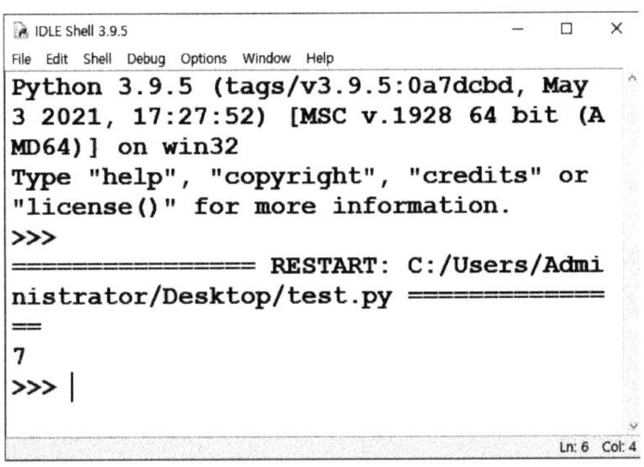

그 다음으로 Spyder에서 스크립트 모드로 실행을 해보자. Spyder를 실행을 한 후에 다음과 같이 왼쪽 에디터 패널에 덧셈 명령문을 입력하자. 그리고 F5 키를 누르거나 상단 메뉴의 초록색 삼각형 버튼을 누르면 프로그램이 실행되고 결과값은 왼쪽 아래의 콘솔 패널에 출력이 된다.

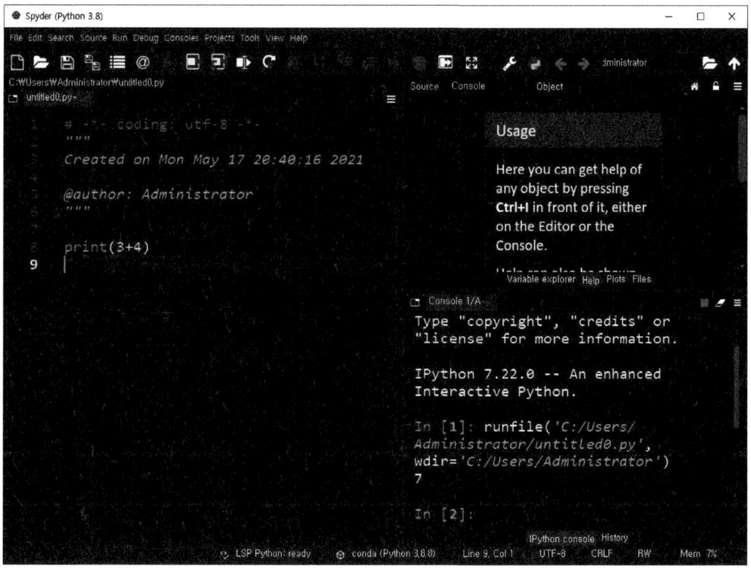

Spyder에서 실행할 때 F5 키 또는 녹색 삼각형 버튼을 눌러도 파일로 저장하는 과정을 거치지 않고 프로그램이 실행이 되는 점이 IDLE과 다른 점이다. 프로그램을 저장하려면 File 〉 Save 메뉴를 선택하든지 Ctrl + S 키를 누르면 파일로 저장할 수 있다. 이렇게 저장된 파일을 소스 파일 또는 프로그램 소스라고 부른다.

Spyder를 종료하려면 File 〉 Quit 메뉴를 선택한다. Spyder를 종료한 후에 다시 이전 작업을 계속하려면 저장해 두었던 소스 파일을 불러와야 하는데 File 〉 Open 메뉴를 선택하면 이전에 저장했던 소스 파일을 다시 불러 올 수 있다.

제2장

변수, 자료형, 연산자

프로그램이 실행될 때 데이터를 처리하는 과정이 필수적으로 요구되므로 데이터를 저장하는 메모리가 사용되는데 이를 변수라고 부른다. 이 장에서는 변수에 대한 기본적인 내용과 변수에 저장되는 데이터의 종류에 대해 알아본다.

2.1 변수

데이터를 보관하는 메모리를 나타내는 변수(variable)는 프로그램에서 쉽게 사용할 수 있도록 하기 위해서 이름을 붙일 수 있다. 예를 들면, 학생의 정보를 처리하는 프로그램에서 사용되는 세부 정보는 이름, 학번, 학과, 주소, 생년월일 등이 있다. 이 세부 정보들을 변수로 정하고 이름으로 표시하면 name, sid, dept, address, bdate 등으로 나타낼 수 있다. 이들 변수의 이름을 변수명(variable name)이라고 부른다.

변수명은 데이터의 내용을 쉽게 파악할 수 있도록 정하면 비교적 자유롭게 만들 수 있지만 다음과 같은 제약 조건을 따라야 한다.

- 한 프로그램 내에서 변수명은 중복 될 수 없다.
- 파이썬에서 사용하는 키워드(keyword)는 변수로 사용할 수 없다. 키워드는 예약어라고 부르기도 하는데 파이썬에서 미리 용도를 정해 놓은 것으로서 주요 키워드는 다음과 같은 것이 있다.

분류	키워드
제어문	if, else, elif, for, while, continue, break, print
논리연산자	and, or, not, in, True, False
함수	def, return, global, nonlocal
모듈	import , from, class
기타	try, except, is, del, with, as

- 대소문자를 구분한다. 따라서 name과 Name은 서로 다른 변수명이다. 보통 변수는 소문자를 사용하며 값이 변하지 않는 상수를 정의할 때는 대문자를 쓰는 것이 관례이다.
- 변수명은 알파벳, 밑줄 문자, 숫자로 구성되지만 첫 글자를 숫자로 시작할 수 없다.
- 대쉬 또는 하이픈(–)을 사용할 수 없고 공백(blank)을 사용할 수 없다.
- 파이썬은 유니코드를 지원하므로 변수명으로 한글을 사용할 수 있으나 권장하지는 않고 되도록 영문 알파벳으로 된 변수명을 사용하는 것이 좋다.

위와 같은 제약을 지키면 변수명은 자유롭게 만들 수 있지만 가급적이면 의미가 분명히 드러나는 변수명을 사용하는 것이 좋다. 예를 들면 a, x, t 같은 짧은 변수명을 사용할 수 있지만 변수가 어떤 데이터를 저장하는지 알 수가 없기 때문에 좋은 방식이 아니다. 따라서 tax_rate, prev_word, twoYears 와 같이 의미가 명확하게 드러나도록 변수명을 작성해야 한다.

변수는 사용하기 전에 반드시 값을 가지고 있어야 한다. 이렇게 변수에 값을 넣는 것을 '변수에 대입한다(assign)'라고 부른다. 변수에 값을 대입할 때는 아래와 같이 등호(=) 기호를 사용하는데 이 기호는 양쪽이 같다는 뜻이 아니고 등호 오른쪽의 값을 등호 왼쪽의 변수에 대입한다는 뜻이다. 즉 age라는 변수를 만들고 24라는 값을 변수 age에 대입한다는 뜻이다.

```
>>> age = 24
```

즉, 대입연산은 아래 그림과 같이 3개의 세부 과정으로 나누어 생각할 수 있다. 대입연산의 결과로 변수 age에는 24라는 값이 저장된다.

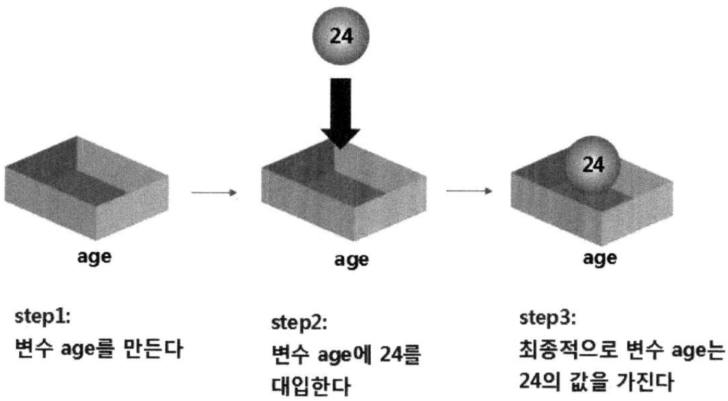

그림 2-1 변수에 값을 대입하는 과정

변수의 값을 print 명령을 사용하여 화면에 출력해 볼 수 있다.

```
>>> age = 24
>>> print(age)
24
```

변수가 생성되면 다른 값이 대입될 때까지 초기값을 계속 유지하며 프로그램이 종료할 때까지 메모리에 존재한다. 다만 변수를 삭제하는 del 명령이 있지만 보통의 경우에는 사용할 일이 거의 없다.

변수에 값을 대입한 후에는 이 값을 다른 변수의 값을 계산하는데 사용할 수 있다. 다음 코드는 변수 tax에 0.08을 대입한 후, 이 값을 변수 amount의 값을 계산할 때 사용하는 예이다.

```
>>> tax = 0.08
>>> amount = 2000 * tax
```

이와 같이 변수는 프로그램을 작성할 때 전체적인 구조와 계산의 의미를 분명하게 만드는 중요한 역할을 한다. 따라서 변수의 이름을 만들 때는 의미를 명확하게 해야 프로그램의 가독성을 높일 수 있다.

대입연산자(=)를 사용할 때 주의해야 할 점은 대입연산자 왼쪽에는 반드시 변수를 지정해야 한다는 것이다. 즉, 다음과 같이 수식을 지정하거나 숫자를 지정하면 오류가 발생한다.

```
>>> 24 = age # 오류: 대입연산자 왼쪽에 숫자 지정
SyntaxError: can't assign to literal

>>> age + 1 = 25 # 오류: 대입연산자 왼쪽에 수식 지정
SyntaxError: can't assign to operator
```

상수(constant)는 처음에 정해진 값이 변경되지 않는 변수를 말한다. 파이썬은 다른 프로그래밍 언어와 달리 특별히 상수를 지정하는 방법을 제공하지 않는다. 사용자가 책임을 지고 변수의 값을 변경하지 않도록 하는 것이 상수를 사용하는 방법이다. 이렇게 값이 변하는 변수와 값이 변하지 않는 상수를 구분하기 위해 관습적인 규칙이 있는데, 변수는 소문자로 지정하고 상수는 대문자를 사용하는 것이다.

다음은 원주율이 상수인 것을 나타내기 위해 대문자 PI로 지정한 것과 세율을 상수로 설정한 것을 나타내기 위해 대문자 TAX로 지정하고 계산을 하는 코드이다. 이렇게 대문자를 사용하면 다른 사용자가 프로그램을 읽을 때 상수를 쉽게 구별할 수 있는 이점이 있다.

```
>>> PI = 3.14
>>> area = PI*2*2

>>> TAX = 0.08
>>> price = 5000 * (1 + TAX)
```

2.2 자료형

파이썬에서 사용되는 주요 자료형은 정수형, 실수형, 문자열형, 부울(Boolean)형 등이 있다. 파이썬은 C나 Java처럼 변수의 자료형을 미리 선언하지 않고 사용할 수 있다. 즉, 변수의 자료형은 변수에 저장되는 값에 따라서 실시간으로 정해진다. 아래 코드는 변수 age를 만들고 초기값을 정수 24로 지정한다. 이 시짐에서 변수 age의 자료형은 정수형이다. 그리고 변수 age에 문자열 값 “twenty”를 대입하면 변수 age의 자료형은 문자열형으로 바뀐다. 이와 같이 파이썬의 자료형은 프로그램이 실행하는 중에도 실시간으로 바뀔 수 있다.

```
>>> age = 24
>>> print(age)
24

>>> age = "twenty"
>>> print(age)
twenty
```

이와 같이 변수의 유형을 자유자재로 바꿀 수 있는 기능은 매우 제한적으로 사용되어야 한다. 그렇지 않으면 복잡한 소프트웨어를 개발할 때 혼란이 생길 수 있고 오류를 발생시킬 수 있는 여지를 남긴다.

변수의 자료형을 알고자 할 때는 다음과 같이 type 명령을 사용한다. 출력값을 보면 정수나 문자열이 객체를 표현하는 클래스로 정의되어 있는 것을 알 수 있다. 객체와 클래스는 이 책의 뒷부분에서 자세히 배울 예정이다.

```
>>> grade = 5
>>> type(grade)
<class 'int'>

>>> title = "book"
>>> print(title)
<class 'str'>
```

2.2.1 정수형과 실수형

파이썬 변수의 수치형은 숫자를 나타내는 자료형으로서 소수점이 있고 없음에 따라 정수형과 실수형으로 나뉜다. 정수형은 소수점이 없는 수치로서 나이나 연도 등을 나타낼 때 사용되며, 실수형은 과학기술분야에 사용되는 데이터 같이 소수점 이하까지 정밀한 값을 표현할 때 사용된다. 파이썬에서 정수형이나 실수형의 크기는 거의 제한 없이 메모리가 허용하는 범위에서 나타낼 수 있다. 예를 들어 이름이 붙은 수 중에서 가장 큰 수인 구골(Googol)은 10의 100승을 나타내는데 아래 코드를 실행해 보면 파이썬이 표현할 수 있는 수의 크기가 무한대라는 것을 알 수 있다.

```
>>> bignumber = 10**100
>>> print(bignumber)
10000000000000000000000000000000000000000000000000000000000000000
000000000000000000000000000000000000
```

정수형 데이터를 나타낼 때 보통은 10진수를 사용하지만 때로는 색상 값이나 컴퓨터 내부 코드를 다루는 것같이 2진수나 8진수, 16진수로 나타내는 것이 더 편리할 때가 있다. 표기는 아래와 같이 숫자 0 뒤에 binary, octal, hexadecimal을 뜻하는 b, o, x를 붙여 접두어를 만들고 숫자를 쓴다.

진법	영문	접두어	예
2진법	binary	0b	ob1001
8진법	octal	0o	0o142
16진법	hexadecimal	0x	0xff21

아래 코드를 실행해 보면 16진수 0x1f는 10진수 31로 출력되는 것을 알 수 있다.

```
>>> age = 0x1f
>>> print(age)
31
```

실수형은 고정소수점 방식이나 부동소수점 방식으로 나타낼 수 있다. 고정 소수점 방식은 3.1415, 45.23, −0.0043 같이 일반적으로 소수를 나타내는 방식으로 숫자와 소수점을 같이 써서 소수점의 위치가 고정되어 있다. 반면에 부동 소수점 방식은 가수와 지수를 영문자 E 와 함께 사용하여 다음과 같은 형식으로 실수를 나타낸다. 영문자 E는 소문자 e로 써도 된다.

```
형식: 가수E지수 3.12E8
```

가수는 유효숫자를 나타내고 지수는 10의 제곱을 나타낸다. 예를 들어 숫자 3억 천 2백만(312,000,000)을 부동 소수점 형식으로 나타내면 다음과 같다.

```
3.12E8
```

파이썬은 실수 값을 8바이트의 크기로 저장하므로 아주 큰 값이나 정밀한 값을 표현할 수가 있다.

2.2.2 문자열형

문자열(String)은 문자를 일렬로 나열한 데이터를 가리키며 "Python"처럼 큰 따옴표로 묶거나 'Python'처럼 작은 따옴표로 묶어서 표현한다. 큰 따옴표를 사용하거나 작은따옴표를 사용하거나 동일하게 같은 값을 나타낸다. 문자열의 길이는 제한이 없고 영문이나 한글, 숫자, 특수문자 등을 포함할 수 있다.

다음 코드를 실행하면 큰 따옴표와 작은 따옴표를 사용하여도 결과가 같다는 것을 알 수 있다.

```
>>> addr1 = "Seoul"
>>> print(addr1)
Seoul

>>> addr2 = 'Seoul'
>>> print(addr2)
Seoul
```

그러나 큰따옴표와 작은따옴표를 같이 섞어서 사용하면 다음과 같은 오류를 발생시킨다.

```
>>> a = "string'

File "<stdin>", line 1
a ="string'
^
SyntaxError: EOL while scanning string literal
```

문자열 안에 큰 따옴표나 작은 따옴표가 포함된 경우에는 다음과 같이 다른 종류의 따옴표로 묶어 줄 수 있다.

```
>>> sent = "This is John's book."
>>> print(sent)
This is John's book.

>>> sent2 = 'He said, "Yes!" '
>>> print(sent2)
He said, "Yes!"
```

또 다른 방법으로 역슬래쉬(＼)와 함께 사용하는 방법이 있다. 역슬래쉬는 한글 키보드에서 원화기호(₩)로 표시된다. 역슬래쉬와 함께 사용하여 이스케이프 문자(Escape character)라고 불리는 특수문자를 다음과 같이 정의할 수 있다.

특수 문자	의미
＼n	새로운 줄을 여는 개행문자
＼t	탭을 설정함
＼"	큰 따옴표
＼'	작은 따옴표
＼＼	역슬래쉬(＼) 문자

다음 코드를 실행시켜 보면 문자열 line1과 line2사이에 있는 개행문자 ＼n 의 의미를 쉽게 알 수 있다.

```
>>> twolines = "line1\nline2"
>>> print(twolines)
line1
line2
```

작은따옴표와 큰 따옴표를 다음과 같이 특수문자를 사용하여 나타낼 수도 있다.

```
>>> quot = "He said,\"Yes!\""
>>> print(quot)
He said,"Yes!"

>>> sent = "This is John\'s book."
>>> print(sent)
This is John's book.
```

컴퓨터 파일의 경로를 나타낼 때 2개의 역슬래쉬로 폴더를 구분할 수도 있지만 다음과 같이 슬래쉬(/)를 사용하여 구분할 수 있다.

```
>>> fpath = "C:/doc/folder1/prac.py"
>>> print(fpath)
C:\doc\folder1\prac.py
```

긴 문자열을 나타낼 때 따옴표 사이에 Enter키를 사용하여 두 개의 행으로 나눌 수 없다. 따라서 긴 문자열은 편집할 때 한 눈에 들어오지 않기 때문에 불편할 수가 있다. 이런 경우에 세 개의 연속된 큰 따옴표(""") 또는 작은 따옴표(''')를 사용하면 긴 문자열의 중간에 개행을 하여 여러 줄에 나누어 쓸 수가 있다.

```
>>> longstr = """This is a long string which
... consists of several lines of words
... that are defined using three consecutive quot symbols. """
>>> print(longstr)
This is a long string which consists of several lines of words that
are defined using three consecutive quot symbols.
```

역슬래쉬(₩)는 문자열에만 한정되지 않고 긴 수식 같은 경우에도 사용할 수가 있다. 다음은 역슬래쉬(₩)를 사용하여 한 수식을 두 행에 나누어 쓴 예이다.

```
>>> exp = 2.45 * tax + \
        50 * this_year
```

문자는 컴퓨터 내부에서 코드로 저장되는데 자주 사용되는 코드는 ASCII 코드이다. 문자의 ASCII 코드 값을 구하는 함수는 ord() 함수이다. 반대로 ASCII 코드로 부터 문자를 구하는 함수는 chr() 함수이다. 아래 코드를 실행하면 문자 'A'의 ASCII 코드가 65임을 확인 할 수 있다.

```
>>> code = ord('A')
>>> print(code)
65
```

다음코드는ASCII 코드가 88인 문자가 'X' 임을 보여 준다.

```
>>> ch = chr(88)
>>> print(ch)
X
```

2.2.3 부울형(Boolean type)

부울형은 참값과 거짓값 중의 하나를 가질 수 있는 자료형이다. 참값은 True로 나타내고 거짓은 False로 나타낸다. 부울값은 연산식의 비교 결과를 나타낼 때 주로 사용한다.

다음 코드는 변수 age의 값에 24가 대입된 후에 20보다 큰지 비교한 결과가 참이므로 True를 출력하는 것을 보여 준다. 그리고 50보다 큰 값인지 비교했을 때는 거짓이므로 False가 출력된다.

```
>>> age = 24
>>> print(age > 20)
True

>>> print(age > 50)
False
```

2.2.4 형변환

파이썬은 다른 자료형끼리의 연산을 허용하지 않는다. 예를 들어 정수형 데이터와 문자열 데이터의 더하기 연산을 할 수가 없다. 따라서 어떤 경우에는 데이터의 자료형(Type)을 명시적으로 바꿔야 할 필요가 있다. 이렇게 자료형을 바꿔는 것을 형변환이라고 한다.

아래 코드를 실행하여 입력데이터의 형변환을 하여보자. input() 함수는 키보드로 부터 입력을 받는 함수이다. 나이를 입력하고 Enter키를 누르면 변수 age에 입력한 값 20이 저장된다. 이어서 변수 age에 5를 더하면 아래와 같이 오류가 발생한다. 그 이유는 숫자를 입력하였지만 변수 age의 자료형은 문자열이기 때문이다. type(age)를 실행하여 확인할 수 있다.

```
>>> age = input("나이를 입력하시오: ")
나이를 입력하시오: 20

>>> age + 5
Traceback (most recent call last):
   File "<pyshell#26>", line 1, in <module>
     age + 5
TypeError: Can't convert 'int' object to str implicitly
```

이런 경우에 형변환을 하면 변수 age를 사용하여 더하기 연산을 할 수 있게 된다. 아래와 같이 int() 함수를 이용하면 문자열을 정수형으로 형변환을 할 수 있으므로 더하기 연산도 할 수가 있다.

```
>>> age = int(age)
>>> myage = age + 5
>>> print(myage)
25
```

자료형을 알아야하는 또 다른 중요한 이유는 사용하는 변수의 자료형에 따라 연산자의 동작이 달라질 수 있기 때문이다. 아래의 코드는 정수의 더하기와 문자열의 더하기를 비교한 것이다. 더하기 연산자를 정수에 적용하면 수식계산을 하지만, 문자열에 적용하면 두 개의 문자열을 하나로 이어주는 연산을 하는 것을 알 수 있다.

```
>>> 3 + 4
>>> 7
>>> "this" + "book"
>>> "this book"
```

2.3 print 문

앞서 자주 사용하였던 print() 함수는 이미 익혔듯이 화면에 출력을 할 때 사용한다. 가장 간단하게 사용할 수 있는 print() 함수의 형태는 다음과 같이 출력하려는 값을 쉼표로 구분하는 방법이다.

```
>>> age = 20
>>> sent = “I love Python.”
>>> PI = 3.1415
>>> print(5, age, sent, PI)
5 20 I love Python 3.1415
```

간단한 계산은 print() 내에서 직접 할 수도 있다.

```
>>> print(5 + 6)
11
```

print() 함수에 서식을 적용하면 세련되고 깔끔하게 출력을 할 수가 있다. 다음 코드는 변수 age의 값을 서식을 적용하여 출력하는 것이다. 먼저 눈에 띄는 것은 이전에 볼 수 없었던 “%d”이며 이것은 변수 age의 값을 출력할 때 정수로 서식을 적용한다는 것을 의미한다. 그 다음에 % 기호가 나오며 뒤 따라서 출력하려는 값을 정해 준다. 이 형식이 서식있는 print() 함수의 기본 사용 형식이다.

```
>>> age = 20
>>> print(“%d” % age)
20

>>> num1 = 20
>>> num2 = 145
>>> num3 = 34512
>>> print(“%5d” % num1); print(“%5d” % num2); print(“%5d” % num3)
   20
  145
34512
```

보통 길이가 다른 숫자를 출력할 때는 오른쪽의 1의 자리를 기준으로 정렬을 한다. 이때 역할을 하는 것이 "%d"와 같은 서식이다. 숫자를 5자리의 오른쪽을 기준으로 정렬하려면 다음과 같이 "%5d"를 서식으로 정해준다.

위와 같이 서식을 정해서 출력하는 것과 서식 없이 다음과 같이 출력하는 것의 차이를 비교하면 각 자리의 위치에서 차이가 있는 것을 볼 수 있다.

```
>>> print(num1); print(num2); print(num3)
20
145
34512
```

2개 이상의 값을 서식을 적용하여 출력하는 형식은 다음과 같다. 서식에 출력하려는 값에 대응하여 서식의 개수를 지정하며, %기호 뒤에는 반드시 괄호를 사용하여 출력값을 묶어야 한다. 이런 형태를 튜플(Tuple)이라고 부르며 뒤에서 배울 것이다.

```
>>> print("%5d %5d" % (num2, num3))
  145 34512
```

"%d"가 정수의 서식을 지정하였다면, 소수점이 있는 실수는 "%f" 서식으로 지정한다. "%f" 서식에 출력 자릿수를 지정하는 방법은 "%5.2f"와 같이 소수점 좌우에 전체 자릿수를 나타내는 5와 소수점 아래 자릿수를 나타내는 2를 지정한다. 아래 코드를 실행하면 출력되는 값은 소수점을 포함하여 5자리이며 소수점 이하 2자리까지 출력되는 것을 볼 수 있다. 소수점 이하 3자리부터는 반올림되어 0.1456이 0.15가 된다.

```
>>> rnum = 13.1465
>>> print("%5.2f" % rnum)
13.15
```

print() 함수에 적용되는 주요한 서식을 정리하면 다음과 같다.

서식	데이터 형	설명
%d, %x, %o	12, 123, 1234	정수 (10진수, 16진수, 8진수)
%f	0.73, 12.53	소수점이 있는 실수
%s	"python", "good"	문자열
%c	"a", "b", "한"	한 글자

위의 서식을 적용하여 print() 함수를 사용한 다음 예를 실행해 보면서 서식을 익히도록 하자.

```
>>> print("%6.1f" % 123.45)
>>> print("%7.3f" % 123.45)
```

아래는 문자열 "Korea"를 출력할 때 자릿수가 정해지는 서식에서 차이가 나는 것을 볼 수 있다.

```
>>> print("%s" % "Korea")
Korea
>>> print("%10s" % "Korea")
     Korea
```

print() 함수의 서식을 지정하는 다른 방법은 format() 함수를 이용하는 방법이 있다. 먼저 다음 코드를 실행해 보면 출력하는 순서가 거꾸로 되어 있는 것을 볼 수 있다. 그 이유는 서식 안의 {2:d}는 인덱스가 2인 값을 정수로 출력하라고 지정하는 것이고, 마찬가지로 {0:d}는 인덱스가 0인 값을 정수로 출력하라고 지정하는 것이기 때문이다. 튜플 (100, 200, 300)의 각 원소의 인덱스는 0부터 시작하므로 0, 1, 2가 된다.

```
>>> print("{2:d} {1:d} {0:d}".format(100, 200, 300))
300 200 100
```

2.4 연산자와 수식

연산은 데이터를 가지고 계산을 하는 기본적인 과정으로 파이썬은 여러 종류의 연산자를 제공한다. 연산자는 크게 나누어 덧셈이나 뺄셈같은 사칙연산을 할 때 필요한 산술 연산자, 크기를 비교하는 관계 연산자, 참과 거짓을 기준으로 연산을 하는 논리 연산자, 비트 단위에서 연산을 하는 비트 연산자 등으로 나뉜다.

2.4.1 산술연산자

파이썬에서 제공하는 산술연산자는 다음과 같다.

연산자	의미	예	설명
+	더하기	a = 4 + 2	4와 2를 더한 값을 a에 대입하므로 a의 값은 6
−	빼기	a = 4 − 2	4에서 2를 뺀 값을 a에 대입하므로 a의 값은 2
*	곱하기	a = 4 * 2	4와 2를 곱한 값을 a에 대입하므로 a의 값은 8
/	나누기	a = 4 / 2	4에서 2를 나눈 값을 a에 대입하므로 a의 값은 2
//	나누기(몫)	a = 5 // 2	5에서 2를 나눈 몫을 a에 대입하므로 a의 값은 2
%	나누기(나머지)	a = 5 % 2	5에서 2를 나눈 나머지 a에 대입하므로 a의 값은 1
**	제곱	a = 5 ** 2	5의 2제곱을 a에 대입하므로 a의 값은 25

산술 연산자는 대부분 일반적인 계산에서 사용하는 것이므로 눈에 익숙한 편이지만 주의해야 할 몇 가지 사항이 있다. 먼저 곱하기 연산자는 *기호를 사용한다는 점이다. 그리고 일상적인 계산에서 잘 사용하지 않는 두 개의 연산이 있는데 나누기에서 몫과 나머지를 구하는 연산자이다. 이 두 연산자는 컴퓨터를 이용한 계산에서 아주 유용하게 사용되기 때문에 위와 같이 별도로 구현해 놓은 것이다.

아래 코드를 실행하면서 몫을 구하는 나누기 연산자를 완벽히 익히도록 하자.

```
>>> print(7 // 2)
3
>>> print(15 // 2)
7
```

나머지를 구하는 % 연산자는 짝수와 홀수를 구별하거나, 어떤 수의 배수가 되는지 확인할 때 아주 유용하게 사용되므로 반드시 익혀 두어야 할 연산자이다. 아래 코드에서 7 % 2의 의미는 7을 2로 나눌 때 몫 3을 버리고 나머지 1만 취한다는 뜻이다. 마찬가지로 10 % 2의 연산에서도 몫 5는 버리고 나머지 0을 취한다. 이와 같이 % 연산을 이용하여 2로 나눈 나머지를 확인하면 홀수와 짝수를 쉽게 확인할 수 있다.

```
>>> print(7 % 2)
1
>>> print(10 % 2)
0
```

나머지라는 개념은 정수에서만 적용되기 때문에 실수에 대해서는 계산을 할 수가 있지만 사용하는 의미가 없다.

컴퓨터 프로그래밍을 처음 배우는 초보자가 어려워하는 개념 중의 하나가 다음과 같은 수식이다.

```
a = a + 1
```

이 수식은 가장 기본적인 표현으로서, 변수 a와 대입연산자(=)와 좌변과 우변이라는 개념을 포함하고 있어서 이 세가지의 관계를 잘 알고 있어야 한다. 대입연산자(=)의 좌변과 우변에 있는 두 개의a는 같은 같은 변수를 나타내지만 시간적으로 차이가 있다. 이 수식을 일반적인 문장으로 풀어 쓰면, "우변의 변수 a에 있는 값에 1을 더한 후, 그 더한 값을 변수 a에 다시 대입하라"는 뜻이다. 현재 변수 a의 값이 5라고 하면 이 값에 1을 더한 후, 더한 값인 6을 다시 변수 a에 대입하라는 의미이며 아래 코드를 실행함으로서 이를 확인할 수 있다.

```
>>> a = 5
>>> a = a + 1
>>> print(a)
6
```

이와 같은 형태의 연산은 컴퓨터 프로그래밍에서 너무 자주 발생하기 때문에 입력하는 시간과 수고를 덜기 위해서 축약적인 표현을 제공하는데 이를 복합 대입 연산자라고 부른다. 복합 대입 연산자는 기본적으로 모든 산술연산자에 적용되지만 주로 사칙연산에 유용하게 사용된다. 다음은 복합 대입연산자를 정리한 것이다.

복합 대입연산자	사용 예	의미	설명
+=	a += 1	a = a + 1	a의 값에 1을 더한 값을 a에 다시 대입
−=	a −= 1	a = a − 1	a의 값에 1을 뺀 값을 a에 다시 대입
*=	a *= 2	a = a * 2	a의 값에 2를 곱한 값을 a에 다시 대입
/=	a /= 2	a = a / 2	a의 값에서 2를 나눈 값을 a에 다시 대입
//=	a //= 2	a = a // 2	a의 값에서 2로 나눈 몫을 a에 다시 대입
%=	a %= 2	a = a % 2	a의 값에서 2로 나눈 나머지를 a에 다시 대입
**=	a **= 2	a = a ** 2	a의 값을 2제곱한 값을 a에 다시 대입

2.4.2 관계연산자

관계연산자는 2개의 값을 비교하여 참(True)과 거짓(False)을 판별할 때 사용하며 다음과 같은 종류가 있다.

관계 연산자	사용 예	의미
〉	a 〉 b	a의 값이 b의 값보다 큰지 비교함
〈	a 〈 b	a의 값이 b의 값보다 작은지 비교함
〉=	a 〉= b	a의 값이 b의 값보다 크거나 같은지 비교함
〈=	a 〈= b	a의 값이 b의 값보다 작거나 같은지 비교함
==	a == b	a의 값이 b의 값과 같은지 비교함
!=	a != b	a의 값이 b의 값과 다른지 비교함

위에서 보듯이 관계연산자의 기준은 연산자 왼쪽에 있는 값이다. 즉, a 〉 b의 의미는 a를 기준으로 b보다 큰 지를 비교하는 것이다. 관계연산자를 사용할 때 주의해야 할 점은 두 개이 값이 같은지 비교할 때 반드시 등호 기호를 두 개 사용하여 ==와 같이 써야 한다는 점이다. 등호를 하나만 쓰면 대입연산자가 되므로 주의해야 한다.

```
>>> a = 9 # 대입연산 : a의 값이 9로 변함
>>> a == 9 # 비교연산 : a의 값은 변하지 않고 9와 같은지 비교함
True
```

관계연산자는 주로 if 조건문에 사용된다. if 조건문은 4장에서 자세히 학습하지만 간략히 설명하면 '만일 조건이 ~이라면'이라는 뜻이다. 여기서는 문장의 끝에 콜론(:)을 붙이고 실행할 문장은 줄을 바꿔서 들여쓰기를 한다는 것만 주의하면서 if 조건문을 사용하여 관계연산자를 학습해 보자.

```
>>> a = 10 # 대입연산
>>> if a > 0 :
      print('a는 0보다 크다.')
>>> a는 0보다 크다.

>>> if a == 10 :
      print('a는 10과 같다.')
>>> a는 10과 같다.

>>> if a != 5 :
      print('a는 5가 아니다.')
>>> a는 5가 아니다.
```

2.4.3 논리연산자

논리연산자는 여러 개의 조건식을 결합할 때 사용한다. 예를 들면 '0보다 크고 그리고 10보다 작은 정수'와 같이 2개의 조건을 모두 만족해야 하는 경우나 '3의 배수이거나 혹은 5의 배수인 정수'와 같이 2개의 조건 중에서 하나를 만족해야 하는 경우에 논리연산자를 사용한다. 파이썬의 논리연산자에는 다음과 같이 3종류가 있다.

논리 연산자	사용 예	의미
and	a 〉 0 and a 〈 10	a의 값이 0보다 크고 그리고 10보다 작은지 판단함
or	a 〈 0 or a 〉 100	a의 값이 0보다 크거나 혹은 10보다 작은지 판단함
not	not a 〉 10	a의 값이 10보다 큰 것이 아닌지 판단함

위의 사용 예에서 관계연산자와 논리연산자를 혼합하여 조건식을 만들었다. 위와 같이 괄호를 사용하지 않고 관계연산자와 논리연산자를 혼합할 때 실행 순서는 어떻게 될지 알아보자. 즉, 'not a 〉 10'의 조건식을 '(not a) 〉 10'과 같이 논리연산자를 먼저 계산하고 관계연산자를 나중에 계산할지, 아니면 'not (a 〉 10)'과 같이 관계연산자를 먼저 계산하고 논리연산자를 나중에 계산하는지 규칙이 있어야 한다.

파이썬에서는 연산자의 우선순위가 있는데 다음과 같이 산술연산자가 가장 먼저 실행되고 그 다음에 관계연산자가 실행되며 논리연산자는 가장 나중에 실행된다.

산술연산자 〉 관계연산자 〉 논리연산자

위의 실행 순서를 직접 확인해 보자. 아래와 같이 괄호가 없는 혼합 조건식을 사용한

결과값은 True가 나온 것을 확인할 수 있다. 그 다음에 괄호를 추가하여 관계연산자가 논리연산자보다 먼저 실행되도록 하면 결과값이 위와 동일한 것을 확인할 수 있다. 따라서 관계연산자가 논리연산자보다 먼저 실행된다는 것을 알 수 있다.

```
>>> a = 5 # 대입연산
>>> not a > 10
True

>>> not (a > 10)
True
```

and 연산자의 경우에도 괄호를 사용하여 관계연산자가 논리연산자보다 우선순위가 높다는 것을 확인할 수 있다.

```
>>> a = 5 # 대입연산
>>> a > 0 and a < 10

True
>>> (a > 0) and (a < 10)
True
```

and, or, not 연산자 사이에도 우선순위가 있는데 not 연산자가 우선순위가 가장 높고, 그 다음 순위는 and 연산자이며 or 연산자가 가장 낮은 우선순위를 가진다. 아래의 비교 1과 비교 2는 같은 비교를 나타낸다.

```
>>> a = 5
>>> b = 3
>>> a > 0 and a < 10 or b > 10 and b < 20 # 비교 1
True
>>> (a > 0 and a < 10) or (b > 10 and b < 20) # 비교 2
True
```

and 연산에 있어서 다른 프로그래밍 언어와는 다른 파이썬의 독특한 문법을 사용하면 쉽게 코딩을 할 수 있는 장점이 있다. 즉, 파이썬의 문법은 'a 〉 0 and a 〈 10'의 조건식을 '0 〈 a 〈 10'과 같이 수학식처럼 쓰는 것을 허용한다.

```
>>> a = 5 # 대입연산
>>> 0 < a < 10
True
```

2.5 연산자의 우선순위

곱셈과 덧셈이 혼합된 계산식에서 곱셈을 먼저 하는 것처럼 연산자에는 우선순위가 있다. 연산자의 우선순위를 크게 보면 산술연산자, 관계연산자, 논리연산자의 순서로 우선순위가 높으며 세부적인 우선순위는 다음과 같다.

우선순위	연산자	설명	구분
1	()	괄호	
2	**	제곱	산술연산자
3	*	곱셈	산술연산자
	/	나눗셈	
	//	몫	
	%	나머지	
4	+	덧셈	산술연산자
	−	뺄셈	
5	〉	크다	관계연산자
	〈	작다	
	〉=	크거나 같다	
	〈=	작거나 같다	
	==	같다	
	!=	다르다	
6	not	논리 부정	논리연산자
7	and	논리 곱	
8	or	논리 합	
9	=	대입	대입연산자

연습문제

1. 다음 파이썬에 대한 설명 중에서 옳은 것을 고르시오.
   1) 변수명은 대문자와 소문자를 구분하지 않으므로 Tax와 tax는 같은 변수이다.
   2) 변수명은 숫자로 시작할 수 없다.
   3) 변수를 사용하기 전에 변수의 선언을 먼저 해야 한다.
   4) 변수의 값은 새로운 값을 대입하기 전까지 이전 값이 유지된다.
   5) 변수의 자료형은 한 프로그램 내에서 변하지 않는다.
   6) 연도, 나이 등의 정보를 나타내기에 좋은 자료형은 정수형이다.
   7) a = tax 라는 문장은 변수 a의 값을 변수 tax에 대입한다는 뜻이다.
   8) 변수는 오른쪽에서 왼쪽으로 대입이 되므로, 35 = x 라는 문장은 오류가 있는 문장으로 실행이 안 된다.
   9) 0x12는 16진수 12를 나타낸다.
   10) 문자열에 따옴표를 포함시키려면 역슬래쉬 뒤에 포함하려는 따옴표를 쓴다.
2. 다음 중에서 변수명으로 사용할 수 있는 것을 모두 고르시오.

   3rate, more books, can, if, Front, for, hundred_times, print
3. 부울형의 참과 거짓을 나타내는 값은 무엇인지 고르시오.
   1) true, false
   2) True, False
   3) yes, no
   4) 1, 0
4. 다음 중 옳게 표시된 문자열을 모두 고르시오.
   1) "Let's learn Python."
   2) "They are learning Python.'
   3) 'This is John's book.'
   4) 'Pyhton₩'s easy.'
   5) 'I like Python."
5. 다음 중 옳게 설명한 것을 모두 고르시오.
   1) 문자열에 ₩t를 쓰면 Tab키를 누른 것과 같은 효과를 낸다.
   2) type() 함수를 사용하면 변수의 값을 출력할 수 있다.
   3) 0o11은 2진수 정수를 나타낸다.

4) 문자열에 ₩n을 쓰면 Enter키를 누른 것과 같은 효과를 낸다.

5) 123.45와 1.2345E2는 같은 실수값을 나타낸다.

6. 다음 중에서 오류가 발생하는 문장을 모두 고르시오.

1) print(“%d” % 100)

2) print(“%d” % (100, 200))

3) print(“%4.1f” % 3.1)

4) print(“%d %d” % 200, 300)

5) print(“%7s” % “Python”)

7. 다음 중에서 오류가 발생하는 문장을 모두 고르시오.

1) 5 = x

2) python = “easy”

3) amount + 4 = 2000

4) k = 3 + 5.12

5) st = 5 + “book”

8. 다음 연산자에 대한 설명 중에서 옳지 않은 것을 모두 고르시오.

1) 관계연산자는 두 값의 크기를 비교한다.

2) 논리연산자는 and, or, not을 포함한다.

3) or 연산자는 and 연산자보다 우선순위가 높다.

4) 몫(//)과 나머지(%) 연산자는 곱셈(*) 연산자보다 우선순위가 높다.

5) 산술연산자는 관계연산자와 논리연산자보다 우선순위가 높다.

6) 괄호는 우선순위가 가장 높다.

7) 관계연산자 사이에도 우선순위가 다르다.

9. 다음 수식의 계산값을 쓰시오.

1) 5 % 2

2) 17 // 3

3) 2 * 2 ** 3

4) 5 * 4 % 3

5) 5 − 3 * 2

10. 다음 조건식의 결과값을 쓰시오.

1) 5 〉 0 and 8 == 10

2) 2 != 3 or 3 > 4

3) 2 * 3 >= 3 * 2

4) 15 % 4 != 15 // 4

5) not 3 != 5

프로그래밍 문제

1. 3개의 수를 입력받아서 평균을 구하여 출력하는 프로그램을 다음과 같이 작성하시오.
   1) 3개의 수의 변수명은 n1, n2, n3로 정한다.
   2) 평균값을 저장하는 변수명은 avg로 정한다.
   3) input() 함수와 float() 함수를 사용하여 3개의 수를 입력 받는다.

실행결과

```
첫 번째 수를 입력하시오: 3
두 번째 수를 입력하시오: 4
세 번째 수를 입력하시오: 5
세 수의 평균은 4.0
```

2. 버스 요금이 1300원이라고 가정하고 가진 돈으로 버스를 몇 번 탈 수 있는지 계산하는 프로그램을 다음과 같이 작성하시오.
   1) 가진 돈의 변수는 amt로 정한다.
   2) input() 함수와 int() 함수를 사용하여 가진 돈의 액수를 amt에 입력 받는다.
   3) 가진 돈으로 버스를 몇 번 탈 수 있으며 남는 돈은 얼마인지 출력한다.

실행결과

```
가진 돈의 금액을 입력하시오: 10000
버스 탈 수 있는 횟수: 7
남은 돈: 900
```

3. 아기의 태어난 개월 수를 입력하면 몇 년 몇 개월로 바꿔 주는 프로그램을 작성하시오.

1) 태어난 개월 수는 months로 정한다.
2) input() 함수와 int() 함수를 사용하여 months에 개월 수를 입력 받는다.

실행결과

태어난 개월 수를 입력하시오: 27
2년 3개월

4. 화씨온도를 섭씨온도로 바꿔주는 프로그램을 작성하시오.
    1) 화씨온도의 변수는 f로 정하고 input() 함수와 float() 함수를 사용하여 입력 받는다.
    2) 섭씨온도의 변수는 c로 정한다.
    3) 변환수식은 c = (f − 32) * (5 / 9)을 사용한다.
    4) 섭씨온도의 출력 양식은 소수점 이하 둘째 자리까지 출력한다.

실행결과

화씨온도를 입력하시오: 90
섭씨온도: 32.22

5. 정수를 입력 받아서 100보다 크고 짝수인지 확인하는 프로그램을 작성하시오.
    1) 정수의 변수명은 num으로 정하고 input() 함수와 int() 함수를 사용하여 입력 받는다.
    2) 짝수는 2로 나누어 나머지가 0인 수이다.
    3) and 연산자를 사용한다.

실행결과

정수를 입력하시오: 132
100보다 크고 짝수인지 여부: True

제3장
터틀 그래픽

3.1 터틀 그래픽의 소개

터틀 그래픽(Turtle Graphic)은 프로그래밍을 모든 사람에게 널리 알리려는 목적으로 고안된 프로그래밍 도구로서 어린이를 위한 로고(Logo) 프로그래밍 언어의 일부였었는데 후에 파이썬에 접합되었다. 터틀이라는 거북이를 화면상에서 움직이며 도형이나 재미있는 모양 같은 그래픽을 그릴 수 있는 다양한 명령어를 제공한다.

터틀 그래픽을 사용하려면 먼저 import turtle이라는 명령문으로 터틀 그래픽을 불러와야 한다. 그 다음에 터틀 그래픽에서 제공하는 다양한 함수를 사용할 수 있다. 먼저 거북이가 움직이며 사각형을 그리는 간단한 프로그램을 작성해 보자.

```
import turtle

turtle.forward(100)
turtle.right(90)
turtle.forward(100)
turtle.right(90)
turtle.forward(100)
turtle.right(90)
turtle.forward(100)
turtle.right(90)
```

코드 3-1 터틀 그래픽으로 사각형 그리기

그림 3-1 실행 결과

위 프로그램에서 먼저 눈에 띄는 것은 모든 명령문 앞에 turtle과 점을 붙이는 것이다. 이는 forward()와 right()이라는 함수가 turtle에 속한다는 것을 나타낸다. forward() 함수는 현재 터틀의 바라보는 방향에서 인수에 지정한 픽셀 값만큼 앞으로 이동시키는 명령이다. 즉, forward(100)에 의해서 거북이는 현재 방향에서 앞으로 100 픽셀만큼 이동한다. right() 함수는 현재 바라보는 방향에서 인수에 지정한 각도만큼 오른쪽으로 방향을 회전하라는 명령이다. 즉, right(90)은 현재 방향에서 오른쪽으로 90도 회전시킨다. 이렇게 앞으로 진행하고 회전하는 명령을 4번 실행하면 사각형을 그릴 수 있다.

위의 프로그램에서 모든 명령문 앞에 turtle을 붙이는 것은 아주 번거로운 일이다. 이를 다소 줄여 주는 방법은 turtle을 불러올 때 다음과 같이 import ~ as ~ 구문을 사용하면 turtle을 t로 치환할 수 있어서 불필요한 입력을 줄일 수 있다.

```
import turtle as t # turtle을 t로 치환

t.forward(100)
t.right(90)
t.forward(100)
t.right(90)
t.forward(100)
t.right(90)
t.forward(100)
t.right(90)
```

코드 3-2 turtle을 치환하기

또 다른 방법으로 from turtle import * 명령문을 사용하면 다음과 같이 forward(), right() 함수 앞에 turtle 모듈에 대한 명시적인 지정을 생략할 수 있다.

```
from turtle import *

forward(100)
right(90)
```

코드 3-3 turtle을 불러오기

터틀 그래픽의 화면의 좌표는 중심에 원점(0,0)이 위치해 있고, 오른쪽 방향으로 x값이 증가하며 위쪽으로 y값이 증가하는 데카르트 좌표시스템으로 되어 있다. 아래 그림 3-2를 보면 화면 중심에 원점이 있어서 터틀이 그려지기 시작하는 점을 나타낸다. 그리고 데카르트 좌표시스템에 따라서 제1사분면에 속하는 점들은 모두 (x,y) 좌표의 부호가 (+,+)와 같이 양수로 표현되고 제2사분면에 속하는 점들은 모두 (x,y) 좌표의 부호가 (−,+)를 나타낸다.

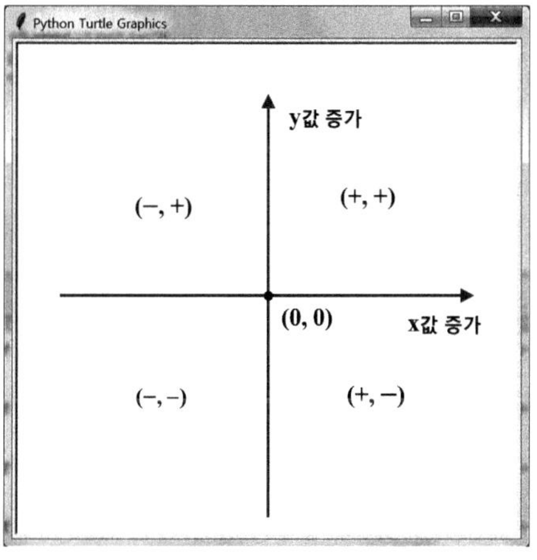

그림 3-2 터틀 그래픽 화면의 좌표

3.2 이동 및 회전하기

터틀 그래픽에서 가장 중요하고 많이 쓰이는 이동 및 회전하는 명령 중에서 주요 명령은 다음과 같다.

구분	명령	동작
이동	forward(픽셀)	현재 방향으로 지정한 픽셀만큼 앞으로 이동
	backward(픽셀)	현재 방향에서 지정한 픽셀만큼 뒤로 이동
	goto(x,y)	좌표 (x,y)로 이동
회전	right(각도)	현재 방향에서 지정한 각도만큼 오른쪽(시계방향)으로 회전
	left(각도)	현재 방향에서 지정한 각도만큼 왼쪽(반시계방향)으로 회전
	setheading(각도)	지정한 각도에 해당하는 방향으로 회전 0도: 동쪽, 90도: 북쪽, 180도: 서쪽, 270도: 남쪽

goto(x,y) 함수는 현재 위치나 방향에 관계없이 터틀을 좌표 (x,y)의 위치로 이동시키는 명령이다. right() 함수나 left() 함수는 현재 방향을 기준으로 지정한 각도만큼 상대적으로 회전시키는 명령이지만, setheading() 함수는 현재 방향과 관계없이 회전하는 각도가 절대적인 값을 나타낸다. 즉, setheading(0)는 현재 방향에 관계없이 터틀이 동쪽을 바라보도록 회전시키며, setheading(180)는 현재 방향에 관계없이 터틀이 서쪽을 바라보도록 회전시킨다.

forward() 함수는 축약형으로 fd()로 나타낼 수 있으며, backward() 함수의 축약형은 bk()이다. right() 함수의 축약형은 rt()이고 left() 함수의 축약형은 lt()이다.

다음 프로그램은 삼각형을 이동과 회전 함수만을 이용하여 삼각형을 그리는 코드이다.

```
import turtle as t

t.forward(200)
t.left(120)
t.forward(200)
t.left(120)
t.forward(200)
t.left(120)
```

코드 3-4 삼각형 그리기

위의 코드를 변형하여 육각형을 그리는 코드를 작성할 수 있다. for 문은 앞으로 5장에서 배울 내용으로서 지금은 6번 반복 실행하는 명령문이라는 것만 알고 있으면 된다. 즉, 들여쓰기를 한 forward()와 left() 함수들을 6번 반복하라는 의미이다.

```
import turtle as t

for i in range(6) : # 6번 실행하기
    t.forward(100)
    t.left(60)
```

코드 3-5 육각형 그리기

다음 프로그램은 goto() 함수를 사용하여 집 모양을 그리는 코드이다.

```
import turtle as t

t.goto(0,100) # 지붕 삼각형 그리기
t.goto(-50,50)
t.goto(50,50)
t.goto(0,100)

t.goto(-50,50) # 집 사각형 그리기
t.goto(-50,-50)
t.goto(50,-50)
t.goto(50,50)
t.goto(-50,50)
```

코드 3-6 집모양 그리기

위의 코드 3-6의 실행결과를 보면 중앙에 선이 그어진 것을 볼 수 있다. 이것은 처음 명령인 t.goto(0,100)를 실행하여 좌표 (0,100)으로 이동할 때 출발 위치인 원점 (0,0)으로부터 좌표 (0,100)까지 선을 그리기 때문이다. 이와 같이 이동할 때 그리는 작업을 방지하려면 goto() 함수를 사용하기 전에 그리기를 잠시 멈추는 penup() 함수를 쓰고, goto() 함수로 이동을 한 후에, 그리기를 다시 시작하는 pendown() 함수를 쓰면 된다.

```
import turtle as t

t.penup()    # 그리기를 멈춘다
t.goto(0,100)
t.pendown()  # 그리기를 시작한다
```

코드 3-7 그리기를 멈추고 다시 시작하기

다음 프로그램은 goto() 함수와 setheading() 함수를 이용하여 4개 방향으로 선을 긋는 코드이다. goto(0,0)를 실행한 이유는 선을 그린 후에 다시 원점에서 출발하기 위해서 원점으로 터틀을 이동하기 위해서이다.

```
import turtle as t

t.setheading(0)
t.forward(100)
t.goto(0,0)

t.setheading(90)
t.forward(100)
t.goto(0,0)

t.setheading(180)
t.forward(100)
t.goto(0,0)

t.setheading(270)
t.forward(100)
t.goto(0,0)
```

코드 3-8 네 방향으로 선을 긋기

3.3 모양, 크기, 색 설정하기

터틀의 모양과 크기, 색은 다음과 같은 함수를 통해 다양하게 설정을 할 수 있다.

대상	명령	동작
터틀	shape(모양)	터틀의 모양을 설정한다. 모양: 'turtle', 'arrow', 'square', 'circle', 'triangle'
	shapesize(크기)	터틀의 크기를 설정한다. 크기는 픽셀 단위로 설정할 수 있다.
	color(색상)	터틀의 색상을 설정한다. 색상: 'red', 'blue', 'yellow', 'orange', 'purple', 'green'

펜	pensize(크기)	펜의 굵기를 설정하며 픽셀단위로 지정한다
	pencolor(색상)	펜의 색상을 설정한다. 색상은 문자열 또는 RGB값으로 설정한다
	fillcolor(색상)	도형 등의 공간을 채우는 색을 설정한다. 채우는 작업은 begin_fill()과 end_fill() 사이에서 실시한다.
	colormode(값)	RGB의 범위값을 나타내며 기본값은 1.0이고 값에 255를 지정하면 RGB 값을 (255, 0, 0)와 같이 나타낼 수 있다.

다음은 터틀의 모양과 크기에 대해 다양한 설정을 하고 실행을 하는 코드이다.

```
import turtle as t
import time

t.shape('turtle') # 터틀의 모양을 거북이로 설정함
t.shapesize(1)    # 터틀의 크기를 1로 설정함
t.forward(200)
time.sleep(1)     # 1초간 정지함

t.shape('arrow')  # 터틀의 모양을 화살로 설정함
t.left(90)
t.forward(200)
time.sleep(1)

t.shape('circle') # 터틀의 모양을 원으로 설정함
t.color('red')    # 터틀의 색상을 빨강색으로 설정함
t.left(90)
t.forward(200)
```

코드 3-9 터틀 모양과 크기를 설정하기

펜의 크기와 색상도 다양하게 설정을 할 수 있다.

```
import turtle as t

t.shape('arrow')
t.pencolor('blue') # 펜 색상을 파랑색으로 설정함
t.forward(200)
```

```
t.pencolor('orange') # 펜 색상을 주황색으로 설정함
t.pensize(3)         # 펜 굵기를 3 픽셀로 설정함
t.left(90)
t.forward(200)
```

코드 3-10 펜의 색상과 굵기를 설정하기

펜 색상을 RGB값으로 설정할 때 기본적으로 0과 1.0 사이의 실수를 지정하지만 colormode() 함수를 사용하면 0과 255 사이의 값을 지정할 수 있다.

```
import turtle as t

t.pencolor(1.0, 0.0, 0.0)  # 펜 색상을 RGB=(1.0, 0.0, 0.0) 빨강색으로 설정함
t.forward(200)

t.pencolor(0.0, 1.0, 0.0)  # 펜 색상을 초록색으로 설정함
t.left(90)
t.forward(200)

t.colormode(255)           # RGB 값을 0~255 사이의 값으로 모드 변환

t.pencolor(0, 0, 255)      # 펜 색상을 파랑색으로 설정함
t.left(90)
t.forward(200)

t.pencolor(255, 0, 0)      # 펜 색상을 빨강색으로 설정함
t.left(90)
t.forward(200)
```

코드 3-11 RGB 값으로 펜의 색상 설정하기

다음 프로그램은 사각형의 내부를 색칠하는 코드이다. 참고로 채워지는 부분이 반드시 닫힌 도형일 필요는 없고 열린 도형이라도 안쪽이라고 여겨지는 부분이 색으로 채워진다.

```
import turtle as t

t.fillcolor('violet') # 채우기 색상을 보라색으로 설정함
t.begin_fill() # 색 채우기 작업을 시작
t.forward(200) # 사각형 그리기
t.left(90)
t.forward(200)
t.left(90)
t.forward(200)
t.left(90)
t.forward(200)
t.left(90)
t.end_fill() # 색 채우기 작업을 종료함
```

코드 3-12 도형의 내부를 색칠하기

3.4 위치와 방향 설정하기

터틀의 위치와 방향 관련 주요 함수는 다음과 같다.

명령	동작
pos( )	터틀의 현재 위치의 좌표(x,y)를 반환한다.
heading( )	터틀의 현재 방향의 각도를 반환한다.
home( )	터틀의 위치와 방향을 초기화한다.
circle(반지름)	지정한 반지름을 가진 원을 그린다.

다음 프로그램은 터틀의 현재 위치를 구하여 출력을 한다.

```
import turtle as t

t.forward(200)
(x,y) = t.pos() # 터틀의 현재 위치의 좌표를 구한다
print("x=", x, "y=", y)
```

코드 3-13 터틀의 현재 위치 구하기

다음은 다양한 색의 동심원을 그리는 코드이다.

```
import turtle as t

t.pensize(11)

t.pencolor('red')
t.penup()
t.goto(0, -5)
t.pendown()
t.circle(10)

t.pencolor('orange')
t.penup()
t.goto(0, -15)
t.pendown()
t.circle(20)

t.pencolor('yellow')
t.penup()
t.goto(0, -25)
t.pendown()
t.circle(30)

t.pencolor('green')
t.penup()
t.goto(0, -35)
t.pendown()
t.circle(40)

t.pencolor('blue')
t.penup()
t.goto(0, -45)
t.pendown()
t.circle(50)
```

코드 3-14 여러가지 색상의 동심원 그리기

3.5 마우스와 키 이벤트

마우스 및 키 조작 함수는 다음과 같다.

명령	동작
onscreenclick(실행 함수, 버튼 번호)	버튼 번호 1은 마우스 왼쪽 버튼, 2는 가운데 버튼, 3은 오른쪽 버튼을 나타낸다. 실행 함수는 버튼을 눌렀을 때 실행할 함수이다.
onkey(실행 함수, 키)	키: "Up" 위쪽 화살표, "Down" 아래쪽 화살표 "Left" 왼쪽 화살표, "Right" 오른쪽 화살표 실행함수는 키를 눌렀을 때 실행할 함수이다.

다음 프로그램은 마우스 왼쪽 버튼을 눌렀을 때 커서의 위치에 반지름이 10인 빨강색 원을 그리고 오른쪽 버튼을 눌렀을 때 커서의 위치에 반지름이 20인 파랑색 원을 그리는 코드이다. 아직 함수를 정의하는 법에 대해서 배우지 않았지만 실행해 보면서 미리 익혀보자.

```
import turtle as t

# 마우스 왼쪽 버튼을 눌렀을 때 실행하는 함수
def leftClick(x, y):
    t.pencolor('red')
    t.penup()
    t.goto(x, y)
    t.pendown()
    t.circle(10)

# 마우스 오른쪽 버튼을 눌렀을 때 실행하는 함수
def rightClick(x, y):
    t.pencolor('blue')
    t.penup()
    t.goto(x, y)
    t.pendown()
    t.circle(20)

# 메인 코드
t.onscreenclick(leftClick, 1)
t.onscreenclick( rightClick, 3)
```

코드 3-15 마우스 클릭 위치에 원을 그리기

다음 프로그램은 화살표 키를 눌렀을 때 그 방향으로 터틀이 움직이는 코드이다. 프로그램을 입력하고 화살표 키를 눌러서 실행해 보자.

```
import turtle as t

def moveUp( ):
    t.setheading(90)
    t.forward(20)

def moveDown( ):
    t.setheading(270)
    t.forward(20)

def moveRight( ):
    t.setheading(0)
    t.forward(20)

def moveLeft( ):
    t.setheading(180)
    t.forward(20)

t.onkey(moveUp,'Up')
t.onkey(moveDown,'Down')
t.onkey(moveRight,'Right')
t.onkey(moveLeft,'Left')

# 키입력을 기다리기
t.listen()
```

코드 3-16 화살표 키를 눌러서 터틀을 움직이기

연습문제

1. 다음의 코드는 터틀 그래픽을 이용하여 사각형을 그리는 코드이다. (가)의 빈칸에 들어갈 알맞은 import 문을 쓰시오.

```
(가) ____________________
t.forward(100)
t.left(90)
t.forward(100)
t.left(90)
t.forward(100)
t.left(90)
t.forward(100)
t.left(90)
```

2. 터틀의 현재 방향으로 100 픽셀만큼 앞으로 나아가는 터틀 그래픽 명령을 쓰시오.
3. 터틀의 현재 방향에서 오른쪽으로 45도 회전하는 터틀 그래픽 명령을 쓰시오.
4. 터틀의 바라보는 방향을 왼쪽(서쪽 West)이 되도록 설정하는 터틀 그래픽 명령을 쓰시오.
5. 터틀이 그리지 않고 이동만 하도록 하는 터틀 그래픽 명령을 쓰시오.
6. 터틀의 현재 x, y좌표를 구하는 터틀 그래픽 명령을 쓰시오.
7. 터틀의 펜 굵기를 설정하는 터틀 그래픽 명령을 쓰시오.
8. 터틀의 펜 색상(color)을 설정하는 터틀 그래픽 명령을 쓰시오.
9. 왼쪽 화살표를 눌렀을 때 함수 moveLeft를 실행하는 터틀 그래픽 명령을 쓰시오.
10. 마우스 오른쪽 버튼을 클릭했을 때 함수 draw를 실행하는 터틀 그래픽 명령을 쓰시오.

프로그래밍 문제

1. 터틀 그래픽 프로그램을 다음과 같이 작성하시오.
   1) 현재 방향으로 앞으로 200픽셀 전진한다.
   2) 왼쪽으로 45도 방향으로 회전한다.
   3) 앞으로 50픽셀 전진한다.
   4) 서쪽(West) 방향을 바라보도록 회전한다.
   5) 앞으로 270픽셀 전진한다.
   6) 원점으로 이동한다.

실행결과

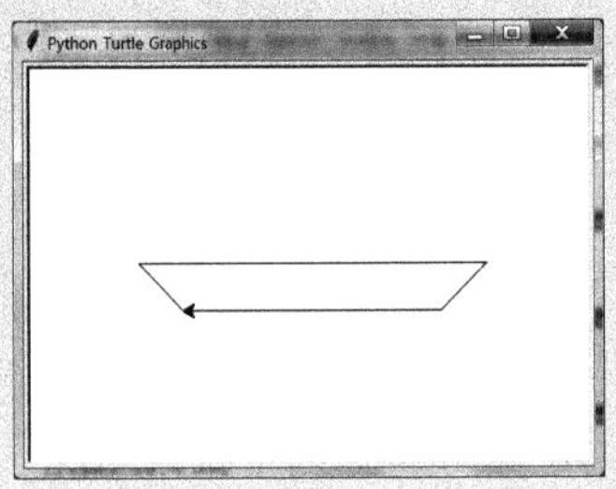

2. 터틀 그래픽 프로그램을 다음과 같이 작성하시오.
   1) 현재 방향으로 앞으로 100픽셀 전진한다.
   2) 왼쪽으로 60도 방향으로 회전한다.
   3) 위의 1~2 번 과정을 6번 반복 실행한다.

실행결과

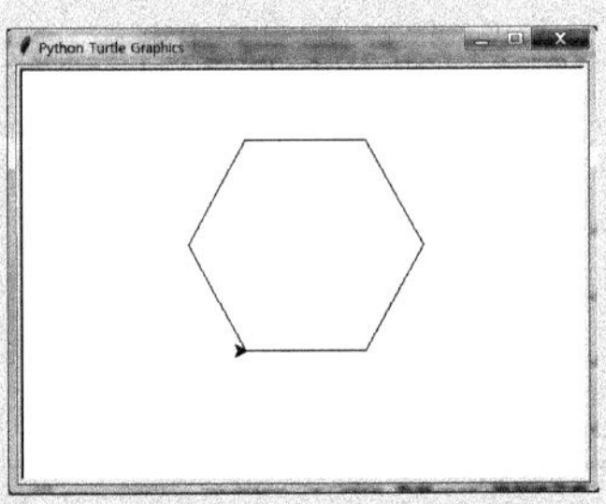

3. 터틀 그래픽 프로그램을 다음과 같이 작성하시오.
   1) 펜 크기는 10으로 설정한다.
   2) 펜 색상은 각각 'blue', 'black', 'red', 'orange', 'green'으로 설정한다.

3) 원의 위치는 각각 (−120, 0), (0, 0), (120, 0), (−60, 50), (60, −50)으로 설정한다.

4) 원의 반지름은 50으로 설정한다.

실행결과

4. 터틀 그래픽 프로그램을 다음과 같이 작성하시오.

1) 현재 방향으로 앞으로 100픽셀 전진한다.

2) 오른쪽으로 144도 방향으로 회전한다.

3) 위의 1~2번 과정을 5번 반복 실행한다.

실행결과

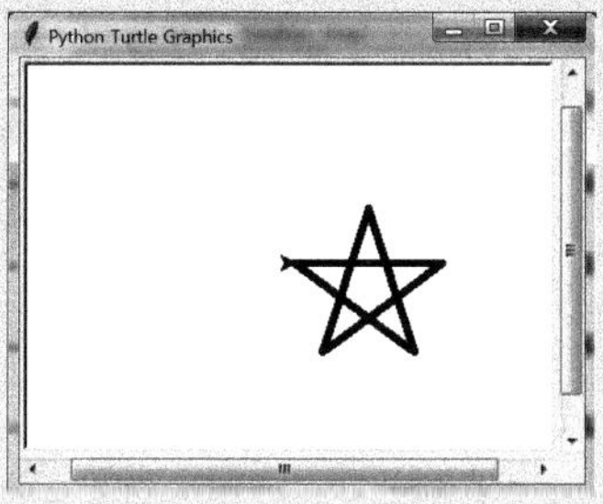

제4장
조건문

4.1 문장의 구조

지금까지 작성한 코드는 순차적으로 실행되었지만 복잡한 문제를 해결하려면 어떤 조건에 따라 실행 여부를 정하거나 실행을 반복할 수 있어야 한다. 이와 같이 다양한 작업을 반영하기 위해서 프로그램은 다음과 같은 3가지 구조로 나누어진다.

- 순차 구조 : 명령이 위에서 아래로 순차적으로 실행되는 구조이다.
- 조건선택 구조 : 조건에 따라 실행이 달라지는 구조이다.
- 반복 구조 : 일정한 조건에 따라 실행이 반복되는 구조이다.

각 구조를 그림으로 나타내면 다음과 같다.

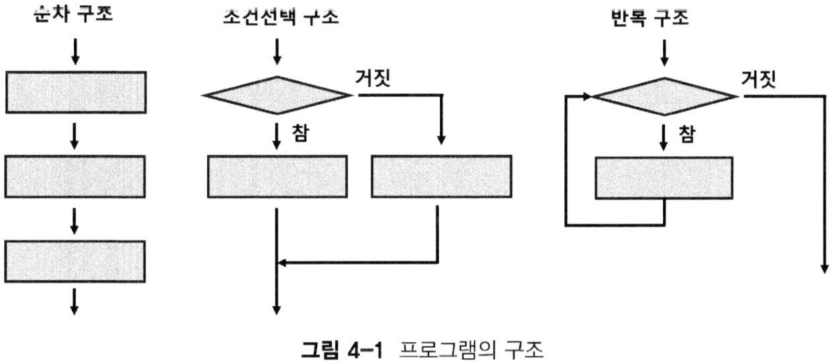

그림 4-1 프로그램의 구조

모든 프로그램은 이와 같은 3가지 구조의 조합으로 이루어진다. 파이썬 프로그램에서 조건선택 구조는 if문 또는 if-else문으로 나타내고, 반복구조는 for문 또는 while문으로 나타낸다. 먼저 조건 선택 구조에 대해서 알아보자.

4.2 if 조건문

어떤 조건에 맞으면 실행을 하고 맞지 않으면 실행을 하지 않을 때 if문을 사용하여 프로그램을 작성할 수 있다. 예를 들면, “6세 미만인 아이는 입장료가 무료이다”와 같이 하나의 조건에 맞으면 실행을 하는 경우에 해당한다.

if문의 형식은 다음과 같이 if 뒤에 조건식을 쓰고 마지막에 콜론(:)을 붙이며 다음 줄에 실행할 명령문을 쓰는데 반드시 들여쓰기를 해야 한다. 실행할 명령문이 여러 개일 때는 동일한 크기의 들여쓰기를 하여 같은 if문에 속한 블록이라는 것을 나타낼 수 있다.

```
if 조건식 :
    실행 명령문
```

아래 코드는 나이를 입력 받아서 입장료(fare)를 계산할 때 일반인은 3000원이고 6세 미만은 입장료가 무료임을 나타내는 코드이다.

```
age = int(input("나이를 입력하시오:"))
fare = 3000
if age < 6:
    fare = 0
print("입장료는", fare, "입니다.")
```

코드 4-1 if문

앞서 강조하였듯이 if문을 사용할 때는 콜론(:)을 사용하는 것과 들여쓰기로 블록을 명확하게 지정하는 것을 반드시 기억해야 한다. 위의 코드에서 if age 〈 6: 문장의 조건식이 참이라면 실행하는 문장은 fare = 0 하나임을 나타내는 것은 오직 들여쓰기뿐이다. 즉, 그 다음의 print문장은 들여쓰기를 하지 않았으므로 if문에 종속되지 않음을 알 수 있다. 만일 6세 미만은 입장료가 무료인 것과 아울러 추가적으로 안전띠를 매어야 한다는 것을 나타내려면 다음과 같이 코드를 작성할 수가 있다.

```
age = int(input("나이를 입력하시오:"))
fare = 3000
safetyBelt = '미착용'
if age < 6:
    fare = 0
```

```
    safetyBelt = '착용'
print("입장료는", fare, "입니다.")
print("안전벨트는", safetyBelt, "합니다.")
```

코드 4-2 if문 블록

위의 코드에서 if문의 조건식이 참일 때 실행되는 블록은 동일한 들여쓰기로 나타낸 2개의 명령문으로 구성되어 있음을 알 수 있다.

그런데 위와 같이 조건식이 참일 때 실행하는 블록만 기술하는 것이 아니라 거짓일 때 실행하는 블록을 나타내려면 if–else 구조로 된 조건문을 사용하면 된다.

4.3 if-else 조건문

if–else 형태의 조건문은 특정 조건이 참일 때 실행하는 명령문과 거짓일 때 실행하는 명령문을 기술할 때 사용한다. 다음은 입력한 정수가 짝수인지 홀수인지 판단하는 코드이다.

```
num = int(input("정수를 입력하시오:"))
if num % 2 == 0:
    print(num, "은 짝수입니다.")
else:
    print(num, "은 홀수입니다.")
```

코드 4–3 홀수 짝수를 판단하는 if–else문

일반적으로 if–else 형태의 조건문은 짝수와 홀수를 구분하는 것 같이 두 조건 중에서 선택하는 경우에 주로 사용한다. 즉, 어떤 정수를 2로 나누었을 때 나머지는 0과 1밖에 나올 수 없다. 따라서 나머지가 0이면 짝수이고, 그렇지 않으면 (나머지가 1이면) 홀수이다.

앞에서 살펴보았던 코드 5–2를 if–else 형태로 다시 작성하면 다음과 같이 작성할 수 있다.

```
age = int(input("나이를 입력하시오:"))
if age < 6:
   fare = 0
   safetyBelt = '착용'
else:
   fare = 3000
   safetyBelt = '미착용'

print("입장료는", fare, "입니다.")
print("안전벨트는", safetyBelt, "합니다.")
```

코드 4-4 if-else 형태로 나타낸 코드

이와 같이 if-else 형태의 조건문으로 작성하면 나이가 6세 미만인 경우와 그렇지 않은 경우가 명확히 구분되므로 프로그램의 가독성이 높아진다.

다른 예제로서 실내 온도가 27도 이상이거나 습도가 80% 이상이면 에어컨을 가동하는 경우를 코드로 작성해 보자. 이 경우에는 온도와 습도라는 두 개의 조건이 or 연산자로 결합하여 조건식을 이룬다.

```
temp = float(input("온도를 입력하시오:"))
moist = int(input("습도를 입력하시오:"))

if temp >= 27 or moist >= 80:
   print("에어컨을 켭니다.")
else:
   print("에어컨을 켜지 않습니다.")
```

코드 4-5 or 연산자를 포함하는 조건식

조건식의 판단이 두 개의 분기로 이루어질 경우 if-else 형태의 조건문으로 작성하면 되지만, 성적 같이 여러 개의 분기로 나누어질 경우에는 if-elif-else 형태의 조건문을 사용한다.

4.4 if-elif-else 조건문

점수에 따라서 성적을 부여하는 작업은 점수에 따라서 여러 갈래의 성적으로 분기되는 구조로서 다음과 같이 작성할 수 있으나 이것은 좋은 프로그램 작성방식이 아니다.

```
if score >= 90:
   grade = 'A'
else:
   if score >= 80:
      grade = 'B'
   else:
      if score >= 70:
         grade = 'C'
<이하 생략>
```

코드 4-6 좋지 않은 프로그램 작성 방식

if-elif-else 형태의 조건문을 사용하면 다음과 같이 가독성이 높고 쉽게 이해할 수 있는 프로그램을 작성할 수 있다. 여기에서 elif는 else if를 줄여서 쓴 것이다.

```
score = int(input("점수를 입력하시오:"))
grade = ' '

if score >= 90:
   grade = 'A'
elif score >= 80:
   grade = 'B'
elif score >= 70:
   grade = 'C'
elif score >= 60:
   grade = 'D'
else:
   grade = 'F'

print(score, "의 성적은", grade, "입니다.")
```

코드 4-7 성적부여 프로그램

if−elif−else 형태의 조건문을 작성할 때는 비교하는 조건식이 범위를 나타낼 때는 조건식 비교의 순서가 중요하다. 위의 프로그램에서 점수가 90점 이상인지 비교한 후에 아닐 경우에는 80점 이상 비교하고 계속해서 70점, 60점과 비교하는 순서가 중요하다.

만일 아래와 같이 60점 이상인지 비교하고 아닐 경우에 70점 이상인지 비교해 나가는 식으로 반대로 비교해 가는 식으로 작성하면 문법적인 오류는 없지만 논리적인 오류가 발생하게 된다.

```
if score >=60:
   grade = 'D'
elif score >= 70:
   grade = 'C'
elif score >= 80:
   grade = 'B'
elif score >= 90:
   grade = 'A'
<이하 생략>
```

코드 4-8 논리적 오류 프로그램

그 이유를 살펴보면 첫 번째 조건문 if score 〉= 60 에서 점수가 95점이든 87점이든 또는 70 점이든 모두 참이 되므로 성적이 'D'로 정해지고, 그 아래의 elif와 else 조건문의비교를 하지 않게 된다. 따라서 논리적으로 오류가 발생하게 되므로 조건식 비교에 범위를 사용할 때는 특별히 유의해야 한다.

또 다른 예제로서 키보드에서 입력한 문자열의 길이를 출력하는 프로그램을 작성해 보자.

```
string = input("문자열을 입력하시오:")
if len(string) == 1:
   print("문자열의 길이는 1입니다.")
elif len(string) == 2:
   print("문자열의 길이는 2입니다.")
elif len(string) == 3:
   print("문자열의 길이는 3입니다.")
elif len(string) == 4:
```

```
    print("문자열의 길이는 4입니다.")
else:
    print("문자열의 길이는 5 이상입니다.")
```

코드 4-9 문자열 길이 출력하기

연습문제

1. 다음 코드의 결과값을 구하시오.

```
x = -3
y = 7
if x < 0 and y > 10 :
    z = 1
else :
    z = 0
```

2. 다음 if 조건문의 문법에 유의하여 옳은 것을 모두 고르시오.

1)

```
a = 3
if a > 0 :
    print("a는 양수입니다.")
```

2)

```
num = 5
if num % 2 == 0
    print("num은 짝수입니다.")
```

3)

```
msg = "hello"
if len(msg) > 0:
    print("msg의 길이는 0보다 큽니다.")
```

4)

```
n = 7
m = 5
```

```
if n < 10:
   m += 1
   print("m의 값을 1 증가하였습니다.")
```

3. 다음 조건식 중에서 같은 것을 2개 고르시오.

   1)

   ```
   if not (x > 0 and y > 0) :
   ```

   2)

   ```
   if x < 0 or y < 0 :
   ```

   3)

   ```
   if x <= 0 and y <= 0:
   ```

   4)

   ```
   if x <= 0 or y <= 0:
   ```

4. 다음 문장에 맞는 if 조건문을 작성하세요.
   1) 변수 height가 170보다 크거나 같은지
   2) 변수 age가 10보다 크고 19보다 작은지
   3) 변수 price가 1000보다 작거나 변수 tax가 10보다 작은지
   4) 변수 year이 2000보다 작고 5의 배수가 아닌지

5. 다음 작업을 수행하는 코드를 작성하시오.
   1) 변수 degree가 30보다 크면 "hot"을 출력하고, 20에서 30 사이이면 "warm"을 출력하며, 10에서 19 사이이면 "mild"를 출력하고, 10 미만이면 "cold"를 출력하시오.
   2) 변수 age가 60보다 크면 변수 fare에 3000을, age가 20 ~60 사이이면 fare에 5000을, age가 20 미만이면 fare가 2000을 대입하고 출력하시오.
   3) 변수 x, y의 값 중에서 큰 수에서 작은 수를 빼서 차이를 변수 diff에 저장하고 출력하시오.

4) 변수 rate가 0.5 보다 크고 amount가 500보다 크면 “accept”를 출력하고, 그렇지 않으면 “reject”를 출력하시오.

6. 다음 코드의 결과값을 구하시오.

1)

```
n1 = 3
n2 = 7

if 2*n1 < n2 and n1**2 < n2:
   print(“n1”)
else:
   print(“n2”)
```

2)

```
a = 5
if a < 10:
if a > 7:
print(“1”)
else:
print(“2”)
else:
print(“3”)
```

3)

```
price = 5000
weight = 23

if price > 3000 and weight > 30 :
   if price > 6000:
      print(“p1”)
   else:
      print(“p2”)
else:
   if weight > 10:
      print(“p3”)
   else:
      print(“p4”)
```

7. 변수 year의 값은 2020이고 month의 값은 2일 때 다음 코드 중에서 출력값이 "early"인 것을 2개 고르시오.

1)

```
if year > 2000 and month < 2 :
   print("early")
else:
   print("late")
```

2)

```
if year > 2000 or month < 6:
   print("late")
else:
   print("early")
```

3)

```
if year > 2000:
   if month < 6 :
      print("early")
else:
      print("late")
```

4)

```
if year > 2000 and month < 6:
   print(early")
else:
   print("late")
```

8. 다음 코드의 결과값을 구하시오.

```
n1 = 10
n2 = 20
n3 = 30
mx = 0

if n1 >= n2:
   if n1 >= n3:
```

```
        mx = n1
    else:
        mx = n3
else:
    if n2 >= n3:
        mx = n2
    else:
        mx = n3

print(mx)
```

9. 다음 코드의 결과값을 구하시오.

```
height = 182
weight = 93

if not (height > 180 and weight < 90) :
    mem = 1
else :
    mem = 0

print(mem)
```

프로그래밍 문제

1. 2개의 정수를 입력을 받아서 두 수의 합이 짝수인지 홀수인지 검사를 하는 프로그램을 작성하시오. 두 정수를 입력 받는 코드는 n1, n2 = eval(input("두 정수를 입력하시오:"))를 사용하시오.

> **실행결과**
>
> 두 정수를 입력하시오: 3, 5
>
> 두 수의 합은 짝수입니다.

2. 점수를 입력을 받아서 80점 이상이면 "합격"을 출력하고 60점 이상 80점 미만이면 "재시험", 60점 미만이면 "불합격"을 출력하는 프로그램을 작성하시오.

```
실행결과
점수를 입력하시오: 87
합격입니다.
```

3. 2개의 정수를 입력을 받아서 두 수 모두 양수이면 1을 출력하고, 두 수 모두 음수이면 2를 출력하며, 나머지의 경우에는 3을 출력하는 프로그램을 작성하시오. 두 정수를 입력 받는 코드는 n1, n2 = eval(input("두 정수를 입력하시오:"))를 사용하시오.

```
실행결과
두 정수를 입력하시오: 7, -2
출력은 3입니다.

두 정수를 입력하시오: 5, 4
출력은 1입니다.
```

4. 하나의 문자를 입력받아서 모음(a,e,i,o,u)이면 "모음을 입력하였습니다"를 출력하고, 자음이면 "자음을 입력하였습니다"를 출력하는 프로그램을 작성하시오.

```
실행결과
문자를 입력하시오: e
모음을 입력하였습니다.

문자를 입력하시오: k
자음을 입력하였습니다.
```

5. 앞 페이지의 연습문제 8번은 세 정수 중에서 가장 큰 수를 구하는 프로그램이다. 이 프로그램을 참고하여, 세 정수 중에서 가장 작은 수를 출력하는 프로그램을 작성하시오. 세 정수를 입력 받는 코드는 n1, n2, n3 = eval(input("세 정수를 입력하시오:"))를 사용하시오.

```
실행결과
세 정수를 입력하시오: 7, 2, 5
가장 작은 수는 2입니다.
```

6. 삼각형은 두 변의 길이의 합이 다른 한 변의 길이보다 커야 한다. 세변의 길이를 나타내는 세 정수를 입력받아서 삼각형을 만들 수 있는지 검사하는 프로그램을 작성하시오.

```
실행결과
세 정수를 입력하시오: 7, 4, 5
삼각형을 만들 수 있습니다.

세 정수를 입력하시오: 8, 1, 3
삼각형을 만들 수 없습니다.
```

제5장

반복문

5.1 반복문의 개념

반복은 일련의 작업을 여러 번 수행하는 것을 말하며 프로그램에서 가장 중요한 구조 중의 하나이다. 사람은 똑 같은 일을 반복하여 하는 것을 지루하게 생각하는 경향이 있는데 컴퓨터는 오히려 반복하는 작업을 아주 빠르게 수행할 수 있는 특징이 있다. 예를 들어 1부터 100까지의 수를 하나씩 더하는 작업을 하는 것은 사람에게는 너무나 힘든 일이지만 컴퓨터는 이런 유형의 일에 특화되어 있다고 할 정도로 프로그램을 쉽게 작성할 수 있다. 이런 유형의 일을 쉽게 해주는 것이 바로 반복문의 역할이다.

파이썬의 반복문에서 대표적인 것이 for 문이다. for문 없이 1부터 100까지 출력을 한다면 다음과 같이 print문을 100번 사용해야 한다.

```
print("1을 출력합니다.")
print("2를 출력합니다.")
print("3을 출력합니다.")

    <중간 생략>

print("100을 출력합니다.")
```

코드 5-1 for문 없이 출력하기

이와 같이 반복되는 작업을 for문을 이용하면 다음과 같이 쉽게 작성할 수 있다.

```
for i in range(100):
   print(i, "을 출력합니다.")
```

코드 5-2 for문을 사용하여 출력하기

5.2 range() 함수를 이용한 for 반복문

for문은 일정한 횟수만큼 반복을 하는 작업에 특히 유용하게 사용된다. 일정한 횟수만큼 반복을 하는 작업의 종류는 다음과 같은 것이 있다.

"1부터 10까지 더하기"
"1과 10사이의 랜덤 정수를 20개 발생시키기"
"주사위를 30번 던지기"
"문자열에서 한 문자씩 처리하기"
"리스트에서 한 원소씩 처리하기"
"구구단을 거꾸로 출력하기"

위와 같은 반복구조로 된 작업은 모두 for문을 사용하여 코딩을 하면 쉽게 프로그램을 작성할 수 있다. 다음 코드는 1부터 10까지의 수를 모두 더하는 프로그램이다.

```
hap = 0
for n in range(1, 11, 1) :
   hap += n
print("1부터 10까지의 수의 합은", hap)
```

코드 5-2 1부터 10까지 더하기

일반적으로 for 문은 위와 같이 range() 함수를 사용하여 반복횟수를 설정한다. range() 함수는 range(시작값, 종료값, 증가값)와 같은 형식이다. 따라서 코드 5-2의 for문에 사용된 range(1, 11, 1)은 1부터 10까지 1씩 증가하는 수를 나타낸다. 이 증가하는 수가 변수 n에 하나씩 적용되어 hap을 구하는 식을 실행한다. 여기서 주의해야 할 것은 range() 함수의 종료값은 변수 n에 포함되지 않는다는 것이다. 아래와 같은 반복 작업을 range() 함수를 사용하여 표현하면 다음과 같다.

1부터 50까지 1씩 증가하기 → range(1, 51, 1)

2부터 100까지 2씩 증가하기 → range(2, 101, 2)

10부터 1까지 1씩 감소하기 → range(10, 0, -1)

50부터 5까지 5씩 감소하기 → range(50, 4, -5)

range() 함수에서 증가값이 1인 경우에는 생략할 수가 있다. 따라서 아래와 같이 증가값을 생략할 수가 있다.

range(1, 10, 1) → range(1, 10)

range(5, 20, 1) → range(5, 20)

그리고 시작값이 0인 경우에도 아래와 같이 시작값을 생략할 수가 있다.

range(0, 10, 1) → range(0, 10) → range(10)

range(0, 20, 1) → range(0, 20) →range(20)

그러면 1과 10사이의 랜덤 정수를 20개 생성시키는 프로그램을 작성해보자. 파이썬에서 제공하는 랜덤넘버 생성 함수를 이용하려면 먼저 import random 명령으로 random 이라는 패키지를 불러와야 한다. 그리고 random.randint(1,10) 함수를 이용하여 1부터 10 사이의 랜덤 정수를 생성할 수 있다. randint(1,10) 명령에서 주의할 것은 1과 10을 모두 포함하여 범위를 지정한다는 것이다. 많은 경우에 있어서 파이썬의 범위지정 방식은 시작값은 포함하지만 끝값은 포함하지 않는 것에 주의해야 한다. 그리고 20개 생성하는 것은 20회 반복하는 것이므로 range(20) 함수를 이용하면 된다.

```
import random

for i in range(20) :
    rn = random.randint(1,10)
    print(i, “번째 랜덤 정수는”, rn)
```

코드 5-3 1부터 10 사이의 랜덤 정수를 20개 생성하기

주사위를 던지는 것을 시뮬레이션하려면 1부터 6 사이의 정수를 랜덤하게 생성할 수 있어야 한다. 위에서 이용했던 random.randint() 함수를 이용하면 주사위를 던져 눈이 나오는 것을 시뮬레이션할 수 있다. 주사위를 30번 던지는 프로그램은 range(30) 함수

를 이용하여 random.ranint(1,6) 함수를 30회 반복하여 시행하도록 작성할 수가 있으며, 전체 프로그램은 아래와 같이 작성할 수 있다.

```
import random

for i in range(30) :
   face = random.randint(1,6)
   print(i, "번째 던진 주사이의 눈은", face, "입니다.")
```

코드 5-4 주사위를 30번 던지는 시뮬레이션 프로그램

다음으로 문자열에서 한 글자씩 처리하는 프로그램을 작성해 보자. 문자열을 한 글자씩 처리하려면 먼저 문자열의 길이를 알아야 하는데 len() 함수를 이용하여 구할 수 있다. len() 함수를 이용하여 문자열의 길이를 구한 후에는 그 길이만큼 for문으로 반복을 하면서 한 글자씩 작업을 수행하면 된다. 다음은 각 글자가 대문자인지 검사하는 프로그램이다. string[i]는 i번째 인덱스에 있는 한 글자를 나타낸다. 이 글자에 isupper() 함수를 적용하여 대문자인지를 검사한다.

```
string = input("영문자로 된 문자열을 입력하시오:")

cnt = 0
for i in range(len(string)) :
   ch = string[i]
   if ch.isupper() :
      print(i, "번째 글자는 대문자입니다.")
      cnt += 1
print("대문자의 총 개수는", cnt, "개입니다.")
```

코드 5-5 문자열의 각 글자가 대문자인지 검사하기

다음에는 리스트에서 한 원소씩 처리하는 코드를 작성해 보자. 리스트는 파이썬에서 제공하는 아주 중요한 데이터 구조로서 뒤에서 자세히 배울 예정이므로 이 장에서는 반복문을 사용하여 처리하는 간단한 작업을 수행하도록 하겠다. 다음은 리스트 안의 모든 원소들의 합을 구하는 프로그램이다. 리스트의 길이는 len() 함수로 구할 수 있고 각 원소에 대해 합을 구하기 위해 리스트의 길이만큼 반복하기 위해 for문을 사용한다.

```
numlist = [4, 1, 6, 2, 3, 5]

hap = 0
for i in range(len(numlist)) :
   hap += numlist[i]

print("리스트의 합은", hap, "입니다.")
```

코드 5-6 리스트의 모든 원소의 합 구하기

다음에는 구구단을 9부터 1까지 역순으로 출력하는 프로그램을 작성해보자. 9부터 1까지 1씩 감소하는 것은 range(9, 0, −1)와 같이 쓰면 된다. print() 문 안에서 dan * i를 직접 계산을 하여 출력할 수 있다.

```
dan = int(input("단을 입력하시오:"))
for i in range(9, 0, -1) :
   print(dan, "*", i, "=", dan * i)
```

코드 5-7 구구단을 역순으로 출력하기

5.3 컬렉션의 원소를 직접 접근하는 for 반복문

앞에서는 range()함수를 이용하여 반복횟수를 명시적으로 지정하고 반복 수행하는 방식을 배웠다. 이렇게 range()함수를 이용하는 경우에는 리스트의 원소들에 접근을 할 때 인덱스를 사용해야 하는 번거로움이 있다. 리스트와 같은 컬렉션의 원소에 접근할 때에는 인덱스를 사용하지 않고 다음과 같이 직접 원소에 접근하는 방식이 있다.

```
for 변수 in 컬렉션:
    명령
```

위와 같은 for문은 컬렉션에 있는 모든 원소의 값을 변수에 하나씩 대입을 하여 블록 안의 명령을 수행한다. 따라서 사용자는 컬렉션 내의 원소의 갯수에 대해 신경을 쓰지 않아도 되므로 앞에서 사용했던 len() 함수를 사용할 필요가 없다.

```
numlist = [4, 2, 7, 1, 5]
hap = 0
for num in numlist :
    hap += num
print("리스트의 합은", hap)
```

코드 5-8 리스트의 원소에 직접 접근하는 방식

이번에는 숫자로만 구성된 리스트에서 가장 큰 원소를 찾는 프로그램을 작성해보자. 가장 큰 원소를 찾는 방법은 mx라는 변수를 정의하고 이 변수값과 리스트의 원소를 하나씩 비교하여, 만일 리스트 원소의 값이 mx값 보다 크면 mx값을 그 원소값으로 갱신한다. 이렇게 하나씩 비교하고 모든 원소에 대해 비교가 끝나면 mx에는 최대값이 저장된다. 주의할 점은 mx의 초기값을 정하는 것인데 일반적으로 −10000 같은 가장 작은 수를 지정하거나 아래 코드처럼 리스트의 첫 번째 원소를 대입한다.

```
numlist = [4, 2, 7, 1, 5]
mx = numlist[0]
for num in numlist :
    if mx < num:  # 현재 원소값이 mx보다 크면
        mx = num   # mx의 값을 갱신한다.
print("최대값은", mx)
```

코드 5-9 리스트에서 가장 큰 원소를 찾기

숫자로만 구성된 리스트에서 홀수의 개수와 짝수의 개수를 구하는 프로그램을 작성해보자.

```
numlist = [3, 6, 1, 2, 9, 1, 5, 8]
evencnt = 0
oddcnt = 0
for num in numlist :
    if num % 2 == 0: # 짝수이면
        evencnt += 1  # evencnt값을 1 증가시킨다
    else:
        oddcnt += 1
```

```
print("리스트는", numlist)
print("짝수 갯수는", evencnt, "홀수 개수는", oddcnt)
```

코드 5-10 리스트에서 짝수와 홀수의 개수 구하기

사용자가 정수를 입력하면 그 정수의 약수를 모두 구해서 리스트에 저장한 후에 짝수만 출력하는 프로그램을 작성해보자.

```
flist = []
num = int(input("양의 정수를 입력하시오:"))

for n in range(1, num) :
   if num % n == 0:   # n이 num의 약수이면
      flist.append(n) # n을 flist에 추가한다

for f in flist:
   if f % 2 == 0:     # 짝수이면 출력한다
      print(f)
```

코드 5-11 약수 리스트를 만들고 짝수만 출력하기

5.4 while 반복문

앞서 배운 for 반복문은 일정한 횟수만큼 반복을 할 때 주로 사용한다. 반복하는 조건이 일정하지 않을 경우라면 while 반복문을 사용하는 것이 더 편리하다. while 반복문은 다음과 같이 while 명령 뒤에 조건식을 사용하여 반복하는 조건을 설정한다. 이 조건식이 True이면 블록 안의 문장이 실행이 되고 False가 될 때 비로소 반복이 종료된다.

```
while 조건식:
    실행 블록
```

while 반복문을 사용할 때 유의해야 할 점은 실행 블록 안에 조건식을 False로 만드는 문장이 반드시 포함되어 있어야 한다는 것이다. 만일 그렇지 않으면 while 반복문은 무한 루프에 빠져서 프로그램이 끝나지 않는 오류가 발생한다.

그러면 키보드로부터 정수를 입력받아 합을 구하되 음수가 입력되면 프로그램을 종료하고 합을 출력하는 코드를 작성해 보자.

```
hap = 0
num = int(input("정수를 입력하시오:"))

while num > 0:
   hap += num
   num = int(input("정수를 입력하시오:"))

print("입력한 수의 합은 ", hap)
```

코드 5-12 입력한 정수의 합을 출력하기

위의 코드에서 num 값을 2번 입력받는 것은 먼저 num 값이 정해진 후에 while문의 조건식을 판단해야하기 때문이며, 다음과 같이 작성할 수도 있다.

```
hap = 0
num = 0

while num > 0:
   hap += num
   num = int(input("정수를 입력하시오:"))

print("입력한 수의 합은 ", hap)
```

코드 5-13 입력한 정수의 합을 출력하기

그러면 1부터 연속되는 홀수를 모두 더할 때 1000이 넘게 되는 최초의 홀수를 구하는 프로그램을 while 반복문을 사용하여 작성해보자. 먼저 조건식을 정해야 하는데 합을 나타내는 변수의 값이 1000보다 작을 때 반복해야하므로 hap 〈 1000로 지정하면 된다. 그리고 홀수를 나타내는 변수 oddnum의 값이 2씩 증가하는 것을 추가해 주면 된다.

```
hap = 0
oddnum = 1

while hap < 1000:
   hap += oddnum
   oddnum += 2
```

```
print("합이 1000을 넘게 되는 최초의 홀수는 ", oddnum)
```

코드 5-14 홀수의 합이 1000이 넘게 되는 최초의 홀수

다음에는 컴퓨터가 1과 10 사이에서 발생시킨 임의의 정수를 사용자가 추측해서 알아맞히는 게임을 while 반복문을 사용하여 만들어 보자. 사용자가 추측한 수를 입력하면 컴퓨터는 그 수가 생성했던 수에 비해 큰지 작은지만 알려 준다. 이와 같은 경우에 사용자가 최소의 횟수로 알아맞히는 전략은 범위로 반으로 잘라서 줄여가는 것이다. 즉, 처음에는 범위가 1부터 10까지이므로 5를 추측하여 입력하면 컴퓨터가 그보다 큰지 작은지를 알려준다. 이 정보를 이용하면 1부터 4 사이의 수인지 아니면 6부터 10 사이의 수인지 알 수가 있다. 이런 식으로 계속 반으로 범위를 줄여 가면 컴퓨터가 발생시킨 수를 찾을 수가 있다.

```
import random

num = random.randint(1, 10)  # 1과 10 사이의 임의의 정수
guess = 0                    # 사용자가 추측하는 수
tries = 0

print("컴퓨터가 생성한 1과 10 사이의 정수를 맞히는 게임입니다.")
while num != guess:
   guess = int(input("정수를 입력하시오:"))
   tries += 1
   if guess > num:
      print("너무 큰 수입니다.")
   elif guess < num:
      print("너무 작은 수입니다.")

if guess == num:
   print("정답입니다.", tries, "번 시도했습니다.")
```

코드 5-15 컴퓨터가 생성한 임의의 정수를 추측하기

위 코드에서 while문 밖에 있는 if guess == num: 조건문을 while문 안에 else:로 넣을 수 있지만 이렇게 할 경우 나중에 배울 break문이 필요하다.

5.5 for 반복문을 while 반복문으로 바꾸기

for문은 일정한 횟수만큼 반복을 할 때 주로 사용한다고 배웠는데 모든 for문은 while 반복문으로 바꿀 수 있다. 이렇게 for문을 while문으로 바꿀 때는 초기 조건, 종료 조건, 증가치 등을 명시해 주면 된다. 그러면 1부터 10까지 더하는 코드 5-2 프로그램을 while문으로 바꿔서 작성해 보자. 먼저 시작 조건을 num = 1로 설정하고, 종료 조건은 while문 조건식에서 num <= 10으로 정해 준다. 그리고 증가하는 값은 while 블록 안에서 지정해 준다. 많은 경우에 초보자는 while문 안에 증가값을 지정하지 않아서 프로그램이 종료하지 않으므로 이점을 특히 주의해야 한다.

```
hap = 0
num = 1           # 초기 조건

while num <= 10: # 종료 조건
   hap += num
   num += 1      # 증가

print("합은 ", hap)
```

코드 5-16 while문을 사용하여 1부터 10까지 합을 구하기

코드 5-6에서 for문을 사용하여 리스트의 모든 원소의 합을 구하는 코드를 while문을 사용하여 바꿔 보자.

```
numlist = [4, 1, 6, 2, 3, 5]

hap = 0
idx = 0 # 초기조건

while idx < len(numlist) : # 종료 조건
   hap += numlist[idx]
   idx += 1                # 증가

print("리스트의 합은", hap, "입니다.")
```

코드 5-17 while문을 사용하여 리스트의 모든 원소의 합 구하기

5.6 break문과 continue문

while 문의 조건식을 True로 지정하면 무한 루프가 생성되어 프로그램이 끝나지 않는다. 때로는 while 문의 조건식을 True로 지정하기도 하는데 이런 경우에는 어떤 조건이 성립될 때 while문의 반복이 종료될 수 있도록 break문을 사용한다.

아래 코드는 1부터 100 사이의 임의의 정수를 생성하고 출력하되 90보다 큰 수가 나오면 break문으로 while문을 벗어나고 프로그램을 종료하는 것을 보여 준다.

```
import random

while True :
    num = random.randint(1, 100)
    if num > 90:
        break
    else:
        print(num)
```

코드 5-18 break문을 사용하여 무한 루프 벗어나기

아래와 같이 정수로 구성된 리스트에서 원하는 수를 찾으면 더 이상 찾지 않으려고 할 때에도 break 문을 사용할 수 있다.

```
numlist = [5, 9, 2, 6, 7, 2, 1, 4, 3]
num = int(input("찾으려는 수를 입력하시오:"))

for i in range(len(numlist)) :
    if num == numlist[i]:
        print("찾는 수는", i, "번 째에 있습니다.")
        break # 찾는 수를 발견하였으므로 중단하기

if i >= len(numlist) :
    print("찾는 수는 리스트에 없습니다.")
```

코드 5-19 break문을 사용하여 찾기 마치기

break문이 반복을 끝내는 반면에 continue문은 블록 내의 아래쪽에 있는 문장을 건너뛰고 반복블록의 처음으로 돌아가서 다시 시작할 때 사용한다. 예를 들어 다음과 같이 입력 문자에 오류가 있을 때에 그 다음 문장을 실행하지 않고 처음부터 다시 반복을 시작하기 위해 continue문을 사용할 수 있다.

```
n1, n2, res = 0, 0, 0
print("사칙 계산을 합니다.")

while True:
    n1, n2 = eval(input("두 정수를 입력하시오 (예:3, 4) :"))
    op = input("사칙계산 연산자를 입력하시오:")

    if op == '+':
        res = n1 + n2
    elif op == '-':
        res = n1 - n2
    elif op == '*':
        res = n1 * n2
    elif op == '/':
        res = n1 / n2
    else:
        print("잘못된 연산자입니다.")
        continue # 아래 문장을 실행하지 않고 반복을 다시 시작하기

    print("계산값은", res)
```

코드 5-20 continue문을 사용하여 실행을 건너뛰기

연습문제

1. 다음 문장에 맞는 for 반복문을 작성하세요.
   1) 변수 k가 10부터 100까지(100포함) 1씩 증가하기
   2) 변수 e가 20부터 50까지(50포함) 2씩 증가하기
   3) 변수 rate가 10부터 1까지(1포함) 1씩 감소하기
   4) 변수 m이 100부터 10까지(10포함) 5씩 감소하기

2. 다음 for 반복문의 문법에 유의하여 옳은 것을 모두 고르시오.

   1)

```
alist = [2, 4, 6, 8, 10]
hap = 0
for n in range(len(alist))
    if alist[n] > 5:
        hap += alist[n]
print(hap)
```

   2)

```
hap = 0
for i in range(10, 0, -1):
   hap += i
print(hap)
```

   3)

```
hap = 0
for i in range(1, 10)
hap += i
print(hap)
```

   4)

```
nlist = [3, 5, 1, 6, 7, 9, 8]
cnt = 0
for n in nlist:
    if n > 5:
        cnt += 1
print(cnt)
```

3. 다음 반복문 중에서 같은 것을 2개 고르시오.

1)

```
for i in range(1, 10, 1):
```

2)

```
for i in range(0, 10, -1):
```

3)

```
for i in range(10):
```

4)

```
for i in range(0, 10, 1):
```

4. 다음 코드의 결과값을 구하시오.

```
cnt = 0
for k in range(1, 11):
    if k % 2 == 0:
        cnt += 1
print(cnt)
```

5. 다음 코드의 결과값을 구하시오.

```
cnt = 0
for m in range(10, 0, -2):
    if m > 5:
        cnt += 1
print(cnt)
```

6. 다음 코드의 결과값을 구하시오.

```
nlist = [2, 4, 6, 8, 9, 7]
cnt = 0

for e in nlist:
    if e % 3 == 0:
```

```
        cnt += 1
print(cnt)
```

7. 다음 for 반복문을 while 반복문으로 바꿔 쓰시오.

```
hap = 0

for i in range(5, 20, 2):
    hap += i

print(hap)
```

8. 다음 코드의 결과값을 구하시오.

```
nlist = [2, 3, 5, 6, 7, 8]
cnt = 0

for n in nlist:
    if n <= 5:
        continue
    cnt += 1

print(cnt)
```

9. 다음 코드의 결과값을 구하시오.

```
nlist = [2, 3, 1, 2, 4, 1]
hap = 0

for i in range(len(nlist)):
    if i % 2 == 0:
        continue
    hap += nlist[i]

print(hap)
```

프로그래밍 문제

1. 두 정수를 입력받아서 두 정수 사이의 모든 정수를 더하는 프로그램을 작성하시오.

   실행결과

   두 정수를 입력하시오: 3, 5
   두 정수 사이의 모든 정수의 합은 12입니다.

2. 다음 리스트 중에서 10보다 작은 수를 모두 더하여 출력하는 프로그램을 작성하시오.

   nlist = [4, 12, 7, 1, 9, 15]

   실행결과

   10보다 작은 수의 합은 21입니다.

3. 다음 리스트 중에서 짝수 인덱스의 원소들만을 출력하는 프로그램을 작성하시오.

   nlist = [2, 3, 7, 4, 9, 5]

   실행결과

   2
   7
   9

4. 1과 100사이의 모든 4의 배수의 개수를 출력하는 프로그램을 작성하시오.

   실행결과

   1과 100사이의 4의 배수의 개수는 25개 입니다.

5. 정수를 입력하면 그 정수의 모든 약수를 출력하는 프로그램을 작성하시오.

   실행결과

   정수를 입력하시오: 10
   약수는: 1, 2, 5, 10

6. while 문을 사용하여 2부터 짝수의 합을 구할 때 그 합이 100이 넘어가는 최초의 짝수를 구하는 프로그램을 작성하시오.

실행결과

짝수의 합이 100이 넘을 때의 짝수는 22입니다.

7. 영어 문장을 입력 받아서 알파벳 'a'의 개수를 출력하는 프로그램을 작성하시오.

실행결과

영어 문장을 입력하시오: I have a book.
'a'의 개수는 2개입니다.

8. 주사위를 100번 던져서 1의 눈이 나오는 횟수를 시뮬레이션하는 프로그램을 작성하시오. 주사위를 던져서 눈이 나오는 것은 random.randint(1,6)으로 작성한다. 참고로 random 함수를 이용하므로 시행할 때마다 결과값이 달라진다.

실행결과

1의 눈이 나온 횟수는 17번입니다.

9. for문을 사용하여서 1부터 10까지의 정수를 출력하되 3의 배수는 건너뛰는 프로그램을 작성하시오.

실행결과

1,2,4,5,7,8,10

10. while문을 사용하여서 입력한 수의 제곱을 출력하고 음수가 입력되면 while루프를 종료하는 프로그램을 작성하시오.

실행결과

정수를 입력하시오: 5
제곱은 25입니다.
정수를 입력하시오: −2
종료합니다.

11. for 문을 사용하여 5각형을 그리는 터틀 그래픽 프로그램을 작성하시오.

실행결과

12. 사용자로부터 정수 n을 입력 받아서 n각형을 그리는 터틀 그래픽 프로그램을 작성하시오.

실행결과

정수를 입력하시오: 7

7각형을 그립니다.

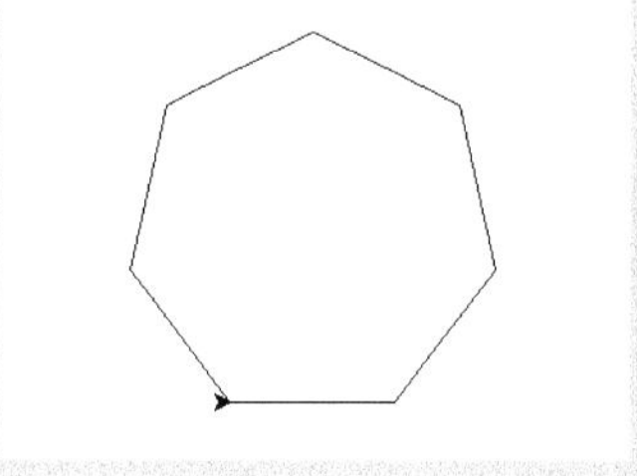

13. 2개의 중첩 for 문을 사용하여 각 변의 길이가 100픽셀인 4각형, 5각형, 6각형, 7각형, 8각형을 그리는 터틀 그래픽 프로그램을 작성하시오.

실행결과

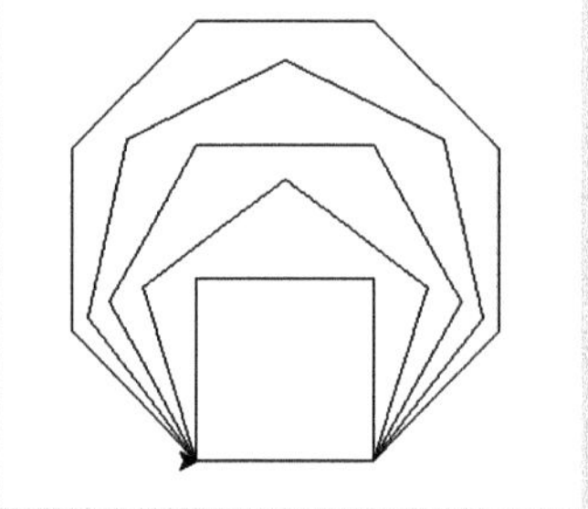

제6장
함수

6.1 함수의 개념

지금까지 작성한 프로그램들은 모두 간단한 작업만을 수행하므로 프로그램의 크기가 작은 편에 속했다. 그러나 프로그램의 크기가 증가하고 복잡해지면 관련된 작업을 수행하는 부분은 묶어서 정리하는 것이 필요하다. 그리고 코드의 어떤 특정한 작업을 수행하는 부분은 다른 곳에서도 자주 사용될 때 이런 부분을 중복으로 작성한다면 시간과 인력의 낭비가 될 것이다. 이런 경우에 함수를 사용하면 중복을 피하면서 간결하고 이해하기 쉬운 프로그램을 작성할 수가 있다.

함수(function)은 일련의 작업을 수행하는 명령들을 모아 넣은 구조로서 아래와 같은 형식으로 정의한다.

즉, 1) def 키워드를 쓰고,

2) 함수명을 쓰며,

3) 괄호 안에 매개변수를 지정하고 ,

4) 콜론을 붙이며,

5) 함수의 몸체는 실행할 명령문들을 들여쓰기로 추가한다.

```
def 함수명 (매개변수1, 매개변수2, ... ) :
    명령문1
    명령문2
      ...
    return 문
```

매개변수(parameter)는 함수에 전달하는 데이터로써 함수는 이 매개변수를 가지고 작업을 수행한 후에 return문으로 결과값을 돌려주는 역할을 한다. 매개변수명은 일반 변수를 만드는 규칙에 따라서 사용자가 임의로 정해 줄 수 있다.

함수를 정의한 후에는 함수를 호출해야 비로소 실행을 할 수가 있다. 즉, 함수를 위와 같이 정의를 하여도 실행이 되는 것은 아니고 반드시 호출을 해야 함수가 실행이 된다.

주의해야할 점은 함수를 호출하기 전에 미리 함수를 정의해야 한다는 점이다. 따라서 모든 함수는 프로그램의 앞부분에서 미리 정의한 후에 사용해야 한다.

그러면 두 수의 합을 더해서 반환하는 함수를 작성하고 호출을 하여 실행하는 프로그램을 작성해 보자. 함수를 정의할 때 이름을 add2로 정하고 매개변수를 n1, n2로 정해서 두 개의 값을 전달받는다. 함수의 본체 안에서 더하기 계산을 수행한 후에 return 문을 사용하여 계산 결과값을 반환한다. 함수를 호출하여 실행을 하는 것은 함수명에 실제값을 넣어준다. 이 실제값을 인수(argument)라고 부른다. 3과 5를 더할 때는 add2(3,5)를 호출하고, 4와 6을 더할 때는 add2(4, 6)을 호출하면 계산 결과값이 반환된다. 이 반환값을 변수 res에 저장하면 후속 작업에 사용할 수 있다.

```
#1. 함수를 정의하기
def add2(n1, n2):
    res = n1 + n2
    return res

#2. 함수를 호출하기
val = add2(3, 5) # 인수 (3, 5)는 함수정의의 매개변수 (n1, n2)에 대응된다
print("3+5=", val)

val = add2(4, 6) # 인수 (4, 6)은 함수정의의 매개변수 (n1, n2)에 대응된다
print("4+6=", val)
```

코드 6-1 두 수의 합을 구하는 함수를 정의하고 호출하기

6.2 다양한 함수를 작성하기

함수는 프로그램의 가장 기본적인 내용에 해당하므로 다양한 함수를 작성하면서 익히는 것이 바람직하다.

먼저, 사각형의 넓이를 계산하는 함수를 작성하고 가로가 2이고 세로가 8인 사각형에 대해서 실행해 보는 프로그램은 다음과 같이 작성할 수 있다.

```
#1. 함수를 정의하기
def rectArea(w, h):
   area = w * h
   return area

#2. 함수를 호출하기
area = rectArea(2, 8)
print("area=", area)
```

코드 6-2 사각형의 넓이를 구하는 함수

원주를 구하는 함수를 작성해 보자. 원주를 구하는 식은 3.14×2×반지름이다. 따라서 상수는 제외하고 반지름을 매개변수로 지정하면 원주를 구할 수 있다.

```
#1. 함수를 정의하기
def calcCircum(radius):
   c = 3.14 * 2 * radius
   return c

#2. 함수를 호출하기
radius = int(input("반지름을 입력하시오:"))
circum = calcCircum(radius)
print("원수=", circum)
```

코드 6-3 원주를 구하는 함수

리스트는 파이썬에서 매우 중요한 데이터 구조이다. 수로 구성된 리스트 안의 원소들의 평균을 구하는 함수를 작성해 보자.

```
#1. 함수를 정의하기
def calcAvg(nlist):
   avg = 0
   for num in nlist:
      avg += num # 먼저, 리스트 안의 수를 모두 합한다
```

```
    avg = avg / len(nlist) # 다음에, 합을 원소 개수로 나눈다
    return avg

#2. 함수를 호출하기
nlist = [1, 3, 5, 8, 9]
avg = calcAvg(nlist)
print("평균=", avg)
```

코드 6-4 리스트의 평균을 구하는 함수

함수 안에 다른 함수를 호출할 수도 있다. 예를 들어 수로 구성된 리스트의 평균을 구하는 위의 함수를 변형하여 더하는 함수를 정의하고 호출하는 프로그램을 다음과 같이 작성할 수가 있다. 코드 6-4의 합을 구하는 부분을 분리하여 calcSum() 함수로 작성을 하고 이 함수를 호출하면 리스트의 합을 구할 수 있다.

```
#1. 함수를 정의하기
def calcAvg(nlist):
    avg = 0
    hap = calcSum(nlist)   # calcSum 함수를 호출하여 리스트 안의 수를 모두 합한다
    avg = hap / len(nlist) # 다음에, 합을 원소 개수로 나눈다
    return avg

def calcSum(nlist) :
    hap = 0
    for num in nlist:
        hap += num
    return hap

#2. 함수를 호출하기
nlist = [1, 3, 5, 8, 9]
avg = calcAvg(nlist)
print("평균=", avg)
```

코드 6-5 함수 안에서 다른 함수를 호출하기

앞서서 우리는 함수를 호출하기 전에 반드시 정의를 먼저 해야 한다고 배웠다. 그러나 코드 6-5을 보면 calcAvg() 함수 내에서 아직 정의되지 않은 calcSum() 함수를 호

출을 한다. 이렇게 함수 안에서는 아직 정의되지 않은 함수를 미리 호출을 할 수가 있다.

다음으로 구구단을 출력하는 함수를 작성해 보자. 아래 prtMultTable() 함수를 보면 return문이 없는 것을 알 수 있다. 이렇게 반환값이 없으면 함수에서 return문을 사용하지 않아도 된다.

```
#1. 함수를 정의하기
def prtMultTable(dan):
    for i in range(9):
        print(dan, "*", i, "=", dan * i)

#2. 함수를 호출하기
dan = int(input("단을 입력하세요:"))
prtMultTable(dan)
```

코드 6-6 구구단을 출력하는 함수

파이썬은 몫과 나머지를 동시에 구하는 divmod()라는 내장함수(built-in function)을 제공한다. 아래에서 보듯이 divmod() 함수는 두 개의 값을 반환한다.

```
quot, rem = divmod(10, 3) # 실행결과는 quot = 3, rem = 1
```

그러면 divmod() 함수를 직접 작성해 보자. 몫은 // 연산자를 이용하여 구할 수 있고, 나머지는 % 연산자를 이용하여 구할 수 있다. 그리고 반환값이 두 개이므로 튜플(tuple)로 반환값을 지정해 줄 수 있다. 이 때 괄호를 생략할 수도 있다.

```
#1. 함수를 정의하기
def my_divmod(n1, n2):
    quot = n1 // n2
    rem = n1 % n2
    return (quot, rem) # tuple로 두 개의 반환값을 지정함

#2. 함수를 호출하기
quot, rem = my_divmod(10, 3) # 실행결과는 quot = 3, rem = 1
print(quot, rem)
```

코드 6-7 divmod() 내장 함수를 직접 구현하기

다음은 어떤 정수가 소수(prime number)인지 판단하는 프로그램이다. 소수는 1보다 큰 자연수 중에서 1과 자신 밖에는 약수가 없는 수를 말한다.

```
#1. 함수를 정의하기
def isPrime(num):
   for n in range(2, int(num/2) + 1):
      if num % n == 0:
          return False
   return True

#2. 함수를 호출하기
num = int(input("정수를 입력하시오:"))
if isPrime(num) == True:
   print(num, "은 소수입니다.")
else:
   print(num, "은 소수가 아닙니다.")
```

코드 6-8 소수인지 판단하는 함수

range() 에서 범위를 지정할 때 2부터 시작해야 하고, num/2는 실수이므로 int() 함수를 사용해서 정수로 바꿔 줘야 하는 것을 유의해야 한다.

그러면 위의 함수를 이용하여서 1부터 n까지 사이에 소수가 몇 개가 있는지 알아보는 함수를 작성해 보자.

```
#1. 함수를 정의하기
def countPrimes(endNum):
   cnt = 0
   for n in range(2, endNum):
      if isPrime(n) == True:
         cnt += 1
   return cnt

def isPrime(num):
   for n in range(2, int(num/2) + 1):
      if num % n == 0:
         return False
   return True
```

```
#2. 함수를 호출하기
enum = int(input("1부터 범위를 나타내는 끝 정수를 입력하시오:"))
cnt = countPrimes(enum)
print("소수의 개수는", cnt)
```

코드 6-9 범위 내에서 소수의 개수를 구하는 함수

6.3 매개변수, 디폴트 인수, 키워드 인수, 가변 인수

함수를 정의할 때 지정한 매개변수(parameter) 개수와 대응 되는 인수(argument)의 개수는 같아야 한다. 만일 매개변수와 인수의 개수가 다르면 다음과 같이 오류가 발생한다.

```
def rectArea(w, h): # 2개의 매개변수
    area = w * h
    return area

area = rectArea(3) # 1개의 인수
```

코드 6-10 매개변수와 인수의 개수가 다르므로 오류 발생

그러나 디폴트 인수를 사용하면 인수를 지정하지 않았을 경우에 매개 변수가 기본값을 가질 수 있는 편리한 기능을 제공한다. 다음은 디폴트 인수를 사용한 코드이다. 위의 코드 6-10 프로그램에서 매개변수와 인수의 개수가 불일치하여 오류가 발생하였지만 아래처럼 디폴트 인수를 지정해 주면 인수가 부족할 때 매개변수의 기본값을 가지고 작업을 수행하므로 오류가 발생하지 않는다. 즉, h의 값으로 5가 전달되어서 면적을 구할 수가 있다.

```
def rectArea(w, h=5): # 디폴트 인수
    area = w * h
    return area

area = rectArea(3) # 1개의 인수이지만 오류가 발생하지 않는다.
print(area)
```

코드 6-11 디폴트 인수를 사용하는 경우

지금까지 매개변수와 그와 대응되는 인수는 위치에 의해서 정해졌다. 예를 들어 나눗셈을 계산하는 함수 divide(10, 2)와 divide(2, 10)은 결과값이 다를 것이다. 파이썬은 키워드 인수라는 기능을 제공하여 인수의 위치와 관계없이 원하는 매개변수와 대응시킬 수 있도록 해준다. 키워드 인수는 함수를 호출할 때 인수 앞에 매개변수를 지정해주는 인수이다. 아래에서 sub2(y=3, x=5)처럼 인수 앞에 매개변수를 명시적으로 지정해 준다.

```
def sub2(x, y):
   res = x - y
   return res

res1 = sub2(5, 3)
print( res1)

res2 = sub2(y=3, x=5) # 키워드 인수를 사용하면 위치와 관계없이 정확히 전달된다
print( res2)
```

코드 6-12 키워드 인수를 사용하는 경우

파이썬에서는 가변인수 기능도 제공하는데 매개변수의 개수가 고정되지 않고 변화할 때 가변 인수를 사용하면 된다. 가변인수는 매개변수 앞에 애스테리스크(asterisk, *)를 붙여서 지정한다. 가변인수를 사용하면 인수가 몇 개가 지정될지 미리 알 수 없으므로 일반적으로 for 반복문을 사용하여 작업을 해야 한다.

아래 프로그램은 수를 더하는 함수를 가변인수를 사용하여 정의한 것이다. 따라서 인수의 개수가 다르더라도 오류가 발생하지 않는다.

```
def addNums(*nums):
   hap =0
   for n in nums:
      hap += n
   return hap

hap1 = addNums(1,2) # 2개의 인수
print(hap1)
```

```
hap2 = addNums(1,2,3,4) # 4개의 인수
print(hap2)
```

코드 6-13 가변인수를 사용하는 함수

6.4 변수의 범위: 전역변수와 지역변수

변수에 접근하는 범위에 따라 전역변수와 지역변수로 나눌 수 있다. 전역변수는 프로그램 내의 어떤 위치에서든지 사용할 수 있는 변수를 말하고 함수 안에서 생성되고 함수 안에서만 사용될 수 있는 변수를 지역변수라고 한다. 지역변수는 함수가 호출되고 실행될 때만 유효하고 함수가 종료되면 지역변수도 사라진다.

다음 코드를 보며 전역변수와 지역변수를 익히자. 두 개의 변수 gval은 이름이 같더라도 접근할 수 있는 범위가 다르다. 함수 function() 내의 print(gval) 명령은 지역변수 gval의 값을 출력한다. 그리고 함수 function() 밖의 print(gval) 명령은 전역변수 gval의 값을 출력한다. 이 예제는 변수의 범위에 대한 개념을 설명하기 위한 것이므로 실제로는 이렇게 두개의 변수에 대해 변수명을 같게 만들면 안 되는 것에 주의해야 한다.

```
gval = 100 # 전역변수

def function():
   gval = 10                      # 지역변수
   print("지역변수 gval=", gval) # 지역변수 gval의 값이 출력된다.

function()                        # 함수를 호출하면 지역변수 gval이 출력된다
print("전역변수 gval=",gval)      # 전역변수 gval의 값이 출력된다.
```

코드 6-14 전역변수와 지역변수

그러면 함수 내에서 전역변수를 접근할 필요가 있을 때에는 어떻게 해야 될까? 이럴 경우에는 global이라는 키워드를 변수 앞에 붙여서 전역변수라는 것을 나타낼 수 있다.

```
gval = 100 # 전역변수

def function():
   global gval # 함수 내에서 전역변수를 선언한다
```

```
    print("전역변수 gval=", gval) # 전역변수 gval의 값이 출력된다.

function() # 함수를 호출하면 전역변수 gval이 출력된다
```

코드 6-15 함수 내에서 전역변수 사용하기

전역변수는 프로그램 내의 어느 위치에서든지 접근할 수 있으므로 편리한 면이 있지만 프로그램이 복잡해지면 의도하지 않은 곳에서 변수의 값이 변경되는 경우가 발생하고 이런 경우의 오류는 찾기가 매우 힘들게 되므로 전역변수의 사용이 꼭 필요한 경우가 아니면 지역변수를 사용하는 것을 권장한다.

6.5 여러 개의 값의 반환

함수가 작업을 처리한 결과는 return 문을 통해 반환된다. 파이썬에서는 여러 개의 값을 반환할 수 있다. 다음은 2개의 값을 반환하는 함수를 보여 준다. hap은 두 수의 합을 나타내고 diff는 두 수의 차이를 나타내며 항상 양수여야 되므로 큰 수에서 작은 수를 뺀다. diff를 구할 때 3항 연산자를 사용하였다.

```
def get_hap_diff(a, b):
    hap = a + b
    diff = a - b if a > b else b - a # 3항 연산자
    return hap, diff                 # 2개의 값을 반환한다

a = 3
b = 5
hap, diff = get_hap_diff(a, b)       # 반환값을 2개의 변수에 저장한다
print("합=", hap, "차=", diff)
```

코드 6-16 여러 개의 값을 반환하는 함수

6.6 재귀 함수

재귀함수(Recursive function)는 함수 내에서 자신을 호출하는 구조를 가진 함수를 말한다. 먼저 재귀함수를 어떤 경우에 사용하는 지 알아보자. 재귀 호출 방식을 적용하면 좋은 경우는 어떤 문제를 해결하는 방식이 그 문제의 부분을 해결하는 방식과 아주 유

사하기 때문에 문제의 부분을 반복하여 해결하면 최종 결과에 이르게 되는 형태의 문제에 적합하다.

재귀함수를 이용하면 복잡한 계산을 간결한 코드로 표현할 수 있기 때문에 읽기 쉬운 코드를 작성할 수 있지만 반복문으로 작성하는 것보다 성능 면에서 뒤떨어진다. 재귀함수를 작성 할 때 가장 유의해야 하는 점은 재귀함수의 시작부분에서 함수의 종료조건을 설정하고 종료 조건이 만족되는 경우 반환(return)될 수 있어야 한다. 재귀함수가 반환되지 않으면 자신을 무한 호출하기 때문에 프로그램이 종료되지 않는다. 따라서 재귀함수를 작성할 때는 다음과 같은 재귀함수의 구조를 염두에 두고 작성해야 한다.

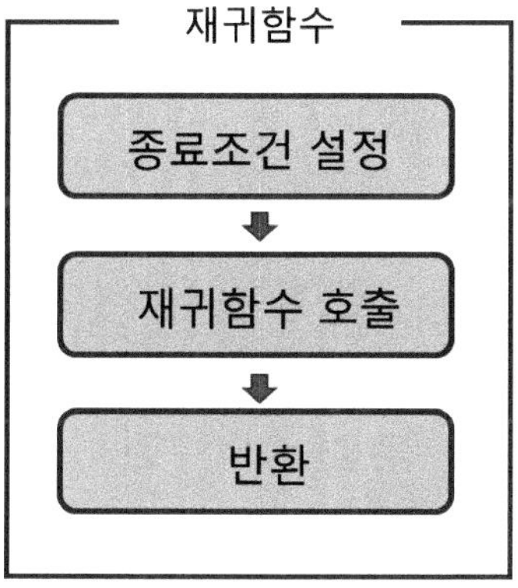

그림 6-1 재귀함수의 구조

재귀함수는 반복문으로 바꿔서 작성할 수 있으므로 성능과 코드의 가독성을 고려하여 재귀함수로 작성을 할 것인지 반복문을 사용하여 작성을 할 것인지 선택을 할 수가 있다.

6.6.1 팩토리얼(Factorial, 계승)

팩토리얼 함수는 정수 뒤에 느낌표(!)를 붙여 나타내며 수학적으로 다음과 같이 정의된다.

$$n! = \begin{cases} 1 & \mathrm{if}\, n = 0, \\ n \times (n-1)! & \mathrm{if}\, n \geq 1 \end{cases}$$

위의 팩토리얼 함수를 살펴보면 n!을 계산하기 위해서 (n−1)!을 계산한 후에 n을 곱하는 구조로 된 것을 알 수 있다. 즉 전체 문제의 형태가 부분 문제의 형태와 동일한 것을 알 수 있다. 다만 재귀함수를 호출할 때 인수(paramter)값만 달라지는 것을 유념하여야 한다.

그러면 팩토리얼 함수를 파이썬코드로 작성해 보자. 그림 6-1에서 나타냈듯이 재귀함수의 형태는 먼저 종료조건을 기술하는 것으로 시작 한다. 팩토리얼 함수는 n부터 시작하여 1씩 감소하며 진행하므로 종료 조건은 n=0일 때이다. 재귀함수 호출과 반환은 한 문장으로 작성할 수가 있다. 이와 같은 방식으로 위의 수식을 파이썬 코드로 옮기면 다음과 같은 팩토리얼 함수를 작성할 수 있다.

```
def factorial(n):
    if n == 0:                        #1. 종료조건 설정
        return 1
    else:
        return n * factorial(n-1)    # 2~3. 재귀함수 호출 및 반환

ft = factorial(4)                    # 함수 호출하기
print(ft)
```

코드 6-17 재귀함수로 팩토리얼 계산

모든 재귀함수는 반복문을 사용한 구조로 바꿔서 작성을 할 수가 있다. 위의 팩토리얼 함수를 반복문을 사용한 구조로 변형을 해 보자. 먼저 이전 팩토리얼 값을 나타내는 변수를 prev로 정의하고 n=0 일 때의 초기값 1을 대입한다. prev는 위의 팩토리얼 계산식에서 (n−1)을 나타낸다. 다음에 for문을 이용하여 반복 작업을 하는데 인덱스는 1부터 시작하여 n까지 진행하므로 range(1, n+1)로 정한다. 팩토리얼 값을 나타내는 변수 f를 정의하고 for문 안에서 f의 값을 반복하여 구한다. 이때 주의해야 할 점이 있는데 현재(i)의 f의 값은 다음 스텝(i+1)에서 prev가 되어야 하므로 prev = f로 추가해야 한다는 점이다. 아래 코드는 반복문을 사용한 팩토리얼 계산 함수이다.

```
def factorial_iter1(n):
    prev = 1 # 초기값 (n=0 일 때의 팩토리얼값)
for i in range(1, n+1):
        f = i * prev
        prev = f

    return f
```

코드 6-18 반복함수로 팩토리얼 계산

반복문을 사용한 팩토리얼 계산 함수를 작성할 때 리스트를 이용하면 팩토리얼 값을 모두 구할 수 있다. 아래 코드는 flist라는 이름의 리스트에 append() 함수를 사용하여 팩토리얼 값을 계산하여 저장하는 코드이다. 리스트의 n번째 값은 n! 값을 저장하고 있다.

```
def factorial_iter2(n):
    flist = []        # 리스트 생성
    flist.append(1)  # 초기값 (n=0일 때의 팩토리얼 값)

    for i in range(1, n+1):
        flist.append(i * flist[i-1])

    return flist

flst = factorial_iter2(4) # 함수 호출하기
print(flst)
```

코드 6-19 리스트를 이용한 팩토리얼 계산

6.6.2 피보나치 수열

피보나치 수열은 현재 항의 값이 이전 2개 항의 값의 합으로 정해지는 수열로서 다음과 같은 식으로 정의된다.

$$f_n = \begin{cases} 0 & \text{if } n = 0, \\ 1 & \text{if } n = 1, \\ f_{n-1} + f_{n-2} & \text{if } n \geq 2 \end{cases}$$

피보나치 수열도 재귀함수로 구현하면 쉽게 작성할 수가 있다. 위의 점화식을 바탕으로 파이썬 코드를 다음과 같이 작성할 수 있다.

```
def fibonacci(n):
    if n == 0: # 종료 조건 1
        return 0
    elif n == 1: # 종료 조건 2
        return 1
    else:
```

```
    return fibonacci(n-1) + fibonacci(n-2) # 2~3. 재귀함수 호출

print(fibonacci(5)) # 함수 호출
```

코드 6-20 재귀함수를 이용한 피보나치 수열 계산

재귀함수는 반복문을 사용하여 바꿀 수 있으므로 위의 코드를 for문을 사용하여 바꾸면 다음과 같이 작성할 수 있다. 먼저 두 개의 초기조건은 f(n−1)을 나타내는 변수 prev1과 f(n−2)을 나타내는 변수 prev2로 정의하고 초기값을 각각 1과 0의 지정한다. 다음에 for문의 인덱스는 초기조건에 해당하는 0과 1은 생략하고 2부터 시작하여 n까지 진행한다. 피보나치 수열의 값은 변수 f로 나타내며 그 값은 두개의 이전 값 prev1과 prev2의 합으로 구할 수 있다. 현재 인덱스의 피보나치 값을 계산한 후에는 다음 인덱스로 진행하기 전에 이전 값 prev1과 prev2를 갱신하여야 한다. 즉, 현재 피보나치 수열 값은 다음 인덱스에서 이전 값 prev1이 되고, 동시에 이전 값 prev1은 그 이전 값 prev2로 갱신된다.

주의해야 할 점은 갱신하는 순서가 아래와 같아야 되며, 순서를 바꾸면 바른 값을 구할 수 없다.

```
def fibonacci2(n):
    prev1 = 1 # f(n-1)를 나타내는 변수
    prev2 = 0 # f(n-2)를 나타내는 변수
    for i in range(2, n+1):
        f = prev1 + prev2
        prev2 = prev1
        prev1 = f

    return f

print(fibonacci(5)) # 함수 호출
```

코드 6-21 반복문을 이용한 피보나치 수열 계산

연습문제

1. 다음 중 함수를 사용하는 이유가 아닌 것을 고르시오.
   1) 프로그램을 읽기 쉽게 작성할 수 있다.
   2) 코드를 반복해서 사용할 수 있다.
   3) 프로그램 작성의 생산성이 낮아진다.
   4) 프로그램의 코드를 작업자 사이에 공유할 수 있다.

2. 다음의 코드가 실행되지 않는 이유는 무엇인가?

```
def add2(n1, n2):
    res = n1 + n2
    return res

print( res)
```

3. 다음의 코드를 설명한 것 중에서 틀린 것을 고르시오.

```
1   def mult2(n1, n2) :
2       res = n1 * n2
3       return res
4
5   res = mult2(3, 4)
6   print(res)
```

   1) 1번 문장의 n1, n2를 매개변수(parameter)라고 부른다.
   2) 5번 문장의 3, 4를 인수(argument)라고 부른다.
   3) 3번 문장의 res는 지역변수이고 5번 문장의 res는 전역변수이다.
   4) 3번 문장의 res와 5번 문장의 res는 같은 변수이다.

4. 다음 함수에 대한 설명 중 옳은 것을 고르시오.
   1) 함수는 반드시 return문을 사용해야 된다.
   2) 함수는 반드시 미리 정의한 후에 사용하여야 한다.
   3) 함수는 반드시 매개변수를 사용해야 한다.
   4) 함수 매개변수의 개수는 반드시 고정되어 있고 변화할 수 없다.

5. 다음 코드의 실행결과를 쓰시오.

```
def func(a, val) :
    if a > val :
        val = a
    else:
        val = 0

val = 100
func(5, val)
print(val)
```

6. 다음 코드의 실행결과를 쓰시오.

```
def div2(a, b) :
    res = a / b
    return res

res = div2(b=2, a=4)
print( res)
```

7. 다음 코드의 실행결과를 쓰시오.

```
def add3(n1, n2, n3=5) :
    res = n1 + n2 + n3
    return res

res = add3(1, 3)
print( res)
```

8. 다음 코드의 실행결과를 쓰시오.

```
def mult3(n1, n2=2, n3=3) :
    res = n1 * n2 * n3
    return res

res = mult3(2)
print( res)
```

9. 다음 코드의 실행결과를 쓰시오.

```
def addmult(n1, n2) :
   s = n1 + n2
   p = n1 * n2
   return s, p

s, p = addmult(2,3)
print(s, p)
```

10. 다음 3번째 라인의 빈칸에 들어갈 옳은 코드를 고르시오.

```
def sumall(*nums) :
   hap = 0
   for ___________ :
      hap += n

res = sumall(1, 2, 3)
print( res)

res = sumall(1, 2, 3, 4, 5)
print( res)
```

1) i in range(3)

2) i in range(5)

3) n in len(nums)

4) n in nums

프로그래밍 문제

1. 두 수를 입력받아서 두 수의 차이를 반환하는 함수 diff2(n1, n2)를 작성하시오. 두 수의 차이는 항상 양수가 되어야 한다.

> **실행결과**
>
> 두 수를 입력하시오 (예: 2,5) :3, 5
>
> 두 수의 차이는 2

2. 큰 정수와 작은 정수를 입력받아서 두 수의 몫과 나머지를 구하는 함수 quot_div(n1, n2)를 작성하시오. 몫과 나머지 두 개를 반환하도록 작성하시오.

> **실행결과**
>
> 큰 정수와 작은 정수를 입력하시오 (예: 4,3) : 7, 2
>
> 몫과 나머지는 3 1

3. 원의 반지름과 원주율을 입력받아서 원의 넓이를 구하는 함수 area_circle(r, pi)를 작성하시오. 만일 원주율 값이 인수로 주어지지 않으면 3.14를 사용하도록 작성하시오.

> **실행결과**
>
> area_circle(2, 3.14159)
>
> 원의 면적은 12.56636
>
> area_circle(3)
>
> 원의 면적은 28.26

4. 두 수의 사칙계산을 하는 함수 calc_num2(n1, n2, op)를 작성하시오. op의 값이 '+'이면 덧셈, '–'이면 뺄셈, '*'이면 곱셈, '/'이면 나눗셈을 계산하시오.

> **실행결과**
>
> calc_num2(2, 3, '+')
>
> 계산 결과는 5
>
> calc_num2(2, 3, '*')
>
> 계산 결과는 6

5. 수로 구성된 리스트 nlist의 평균값을 구하는 함수 avg_list(nlist)를 작성하시오.

실행결과

```
nlist = [2, 5, 8, 3]
avg = avg_list(nlist)
print(avg)
평균= 4.5
```

6. 수로 구성된 리스트 nlist 내에 숫자 n이 있는지 판단하는 함수 find_list(nlist,n)을 작성하시오. 반환값은 True, False로 하시오.

실행결과

```
nlist = [2, 5, 8, 3]
res = avg_list(nlist, 3)
print( res)
True
```

7. 가변인수 중에서 가장 큰 수를 반환하는 함수 get_max(*nums)를 작성하시오.

실행결과

```
mx = get_max(1, 4, 9, 5)
print("최대값:", mx)
최대값: 9
```

8. 근의 판별식 b2−4ac의 값이 양수이면 1을 반환하고, 음수이면 −1을 반환하며, 0일 때는 0을 반환하는 함수 root_det(a, b, c)를 작성하시오.

실행결과

```
det = root_det(2, 3, 1)
print("판별식 값:", det)
판별식 값: 1
```

9. 다음 코드에서 sequence() 함수는 재귀함수를 이용하여 등차수열을 구하는 함수이다. 재귀함수를 반복문을 이용한 sequence2() 함수로 바꿔서 작성하시오.

```
# n: 등차수열의 n번째 항
# a: 공차 (상수)
# b: 초기값 (상수)
def sequence(n, a, b) :
if n == 0: #1. 종료조건
return 1
else:
return sequence(n-1, a) + a
print(sequence(4, 3, 1)) # 공차가 3인 등차수열의 4번째 항의 값 13 확인
```

실행결과

```
seq = sequence2(4, 3, 1)
print("등차수열 값:", seq)
등차수열 값: 13
```

10. 터틀 그래픽을 이용하여 다음과 같은 프로그램을 작성하시오.
   1) 3장 5절의 onscreenclick() 함수를 이용하여 마우스 왼쪽 버튼을 클릭하면 반지름이 30 픽셀인 circle을 다음과 같이 색상을 다르게 하여 그린다.
   2) 클릭할 때 커서의 위치가 1사분면에 있으면 red색, 2사분면에 있으면 blue색, 3사분면에 있으면 green색, 4사분면에 있으면 purple색의 circle을 그리고, 그 외에는 yellow색의 circle을 그린다.

실행결과

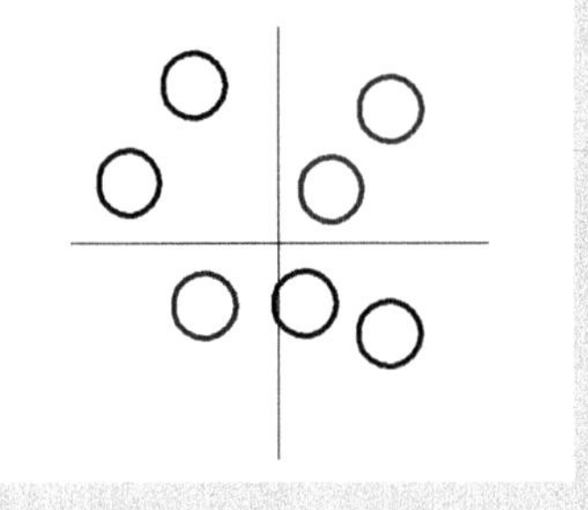

제7장
리스트, 튜플, 딕셔너리

7.1 리스트

7.1.1 리스트의 개념 및 초기화

지금까지 우리는 변수를 사용하였다. 변수는 독립적인 구조이므로 연속적인 값을 저장하고 처리하는데 효율적이지 않다. 예를 들면 학생 100명의 성적을 처리하는데 100개의 변수를 사용하는 것은 아주 비효율적이다. 이런 경우에 리스트라는 데이터 구조를 사용하면 아주 편리하게 연속적인 데이터를 처리 할 수가 있다.

리스트는 항목들이 순서적으로 연결되어서 순서를 나타내는 인덱스를 통해 접근할 수 있는 구조이다. 리스트는 다음과 같이 대괄호([ ]) 안에 항목을 정의하여 나타낸다.

리스트명 = [항목1, 항목2, 항목3, ...]

리스트내의 항목에 접근할 때 인덱스를 사용하는데 인덱스는 0부터 시작하고 마지막 항목의 인덱스는 (리스트 크기 - 1)가 되는 것에 주의해야 한다. 즉, [2, 5, 7]이라는 리스트의 인덱스는 0, 1, 2가 된다. 리스트의 항목은 어떤 자료형이든 관계없이 모두 포함할 수 있다.

다음은 nlist라는 리스트를 선언하고 5개의 정수로 초기화한 것을 보여준다. 그런 다음에 첫 번째 항목인 nlist[0]와 두 번째 항목인 nlist[1]을 출력한다. 이와 같이 리스트의 항목은 인덱스를 사용하여 그 내용을 읽을 수 있다. 항목 값을 변경할 때에도 인덱스를 사용하며 아래 코드는 첫 번째 항목 값을 2에서 3으로 변경하는 것을 보여준다.

```
nlist = [2, 5, 7, 4, 6]
print(nlist[0])  # 2를 출력함
print(nlist[1])

nlist[0] = 3     # 첫 번째 원소값을 변경함
print(nlist[0])  # 3을 출력함
```

코드 7-1 리스트의 선언, 초기화, 인덱스 접근

리스트의 마지막 항목은 특별히 인덱스의 값이 −1로 지정되고, 마지막에서 두 번째 항목은 −2, 마지막에서 세 번째 항목은 −3 등과 같은 인덱스 값을 가진다. 따라서 음수로 된 인덱스는 리스트의 크기에 관계없이 마지막 항목에 접근하고자 할 때 유용하게 사용할 수 있다.

다음 코드는 음수로 된 인덱스를 사용하여 항목에 접근하는 예와 리스트의 크기를 나타내는 len() 함수를 사용하여 마지막 항목에 접근하는 것을 보여준다. len() 함수는 length를 의미하며 리스트의 크기를 구하는 함수이다. 따라서 리스트의 크기에서 1을 뺀 값인 len(nlist)−1이 마지막 항목의 인덱스가 된다.

```
nlist = [2, 5, 9, 1, 4, 8]
print(nlist[-1])           # 8
print(nlist[-2])           # 4
print(nlist[-3])           # 1
print(nlist[ len(nlist)-1 ] # 8
```

코드 7-2 음수 인덱스를 사용하여 리스트 항목에 접근하기

리스트의 항목들은 서로 다른 자료형을 사용해도 된다. 아래처럼 리스트 안에 정수형, 실수형, 문자형, 리스트 등과 같이 서로 다른 자료형을 선언하여도 된다.

```
vlist = ['a', 4, 3.14, 'book', [3, 4, 5], (5, 'a'), True ]
print(vlist[1])          # 4
print(vlist[2])          # 3.14
print(vlist[3])          # 'book'
print(vlist[4]           # [3, 4, 5]
```

코드 7-3 다양한 자료형을 포함하는 리스트

print(nlist)와 같이 print() 함수를 사용하면 대괄호를 포함한 리스트의 내용이 화면에 출력된다.

```
nlist = [2, 5, 9, 1, 4, 8]
print(nlist) # [2, 5, 9, 1, 4, 8]
```

코드 7-4 전체 리스트를 출력하기

리스트를 생성할 때 항목들을 이미 알고 있을 경우에는 리스트를 정의할 때 초기화할 수 있지만 뒤에서 배우게 될 append() 함수를 사용할 수도 있다.

7.1.2 리스트의 범위에 접근하기

리스트의 항목은 인덱스를 사용하여 접근할 수 있는 것을 앞에서 간단하게 살펴보았다. 리스트의 항목은 개별적으로 접근할 수 있을 뿐만 아니라, 콜론(:) 연산자를 사용하여 범위로 지정해서 접근할 수 있다. 범위를 지정하는 방법은 '리스트명[시작인덱스:끝인덱스+1]'과 같은 형식을 사용한다. 여기에서 끝인덱스 보다 1을 더하는 것에 주의해야 한다. 즉, 인덱스 값을 0부터 2까지 포함하여 범위를 지정하려면 [0, 2+1] = [0, 3]과 같이 지정해야 한다.

그리고 끝 인덱스를 생략하면 마지막 항목까지 모두 포함하며, 시작 인덱스를 생략하면 첫 번째 항목부터 시작하여 한다.

```
nlist = [2, 5, 9, 1, 4, 8]
print(nlist[0:2])      # 인덱스는 0부터 1까지 -> [2,5]를 출력
print(nlist[2:4])      # 인덱스는 2부터 3까지 -> [9,1]를 출력
print(nlist[3:])       # 인덱스는 3부터 끝까지 -> [1,4,8]를 출력
print(nlist[:2])       # 인덱스는 0부터 1까지 -> [2, 5]를 출력
```

코드 7-4 리스트의 범위

두 개 이상의 리스트의 더하기 연산도 가능하며 수와 곱하기 연산도 가능하다.

```
nlist1 = [2, 5, 9]
nlist2 = [1, 4, 8]

nlist3 = nlist1 + nlist2  # 더하기 연산
print(nlist3)             # [2, 5, 9, 1, 4, 8]

nlist4 = nlist1 * 2
print(nlist4)             # [2, 5, 9, 2, 5, 9]
```

코드 7-5 리스트의 더하기와 곱하기 연산

7.1.3 리스트 항목의 추가

리스트는 프로그램의 실행 중에 그 내용이 변경되거나 추가 또는 삭제되는 특성이 있다. 리스트에 항목을 추가할 때, 리스트의 뒤에 추가할 때는 append() 함수를 사용하고, 원하는 위치에 추가할 때는 insert() 함수를 사용한다.

다음은 빈 리스트를 선언한 후에 append() 함수를 사용하여 3개의 정수를 차례로 리스트의 뒤에 추가하는 것을 보여 준다.

```
nlist = []
nlist.append(3) # nlist = [3]
nlist.append(5) # nlist = [3, 5]
nlist.append(1) # nlist = [3, 5, 1]
```

코드 7-6 append() 함수로 리스트에 추가하기

insert(인덱스, 값) 함수는 두 개의 매개변수를 지정하는데 먼저 추가할 위치를 나타내는 인덱스를 쓰고 다음에 추가할 항목 값을 쓴다. 아래는 insert() 함수를 사용하여 리스트의 임의의 위치에 항목을 추가하는 예를 보여준다.

```
nlist = [4, 8, 2]

nlist.insert(1, 5) # 인덱스 1의 위치, 즉 4와 8의 사이에 5를 추가 -> [4, 5, 8, 2]
nlist.insert(0, 3) # 인덱스 0의 위치, 첫 번째 항목에 0을 추가 -> [0, 4, 5, 8, 2]
nlist.insert(3, 9) # 인덱스 3의 위치, 5와 8의 사이에 9를 추가 -> [0, 4, 5, 9, 8, 2]
```

코드 7-7 insert() 함수로 리스트에 추가하기

그러면 1부터 100사이의 랜덤 숫자 20개를 리스트에 추가하는 코드를 작성해 보자.

```
import random
nlist = []
for i in range(20) :
rn = random.randint(1, 100) # 1과 100 사이의 랜덤 숫자
nlist.append(rn) # nlist에 추가함
print(nlist)
```

코드 7-8 append() 함수로 랜덤 숫자를 리스트에 추가하기

7.1.4 리스트 항목의 삭제

리스트에서 항목을 제거할 필요가 있을 때, 리스트의 마지막 항목을 삭제하는 pop() 함수와 임의의 위치에 있는 항목을 삭제하는 del() 함수를 사용한다.

다음은 pop() 함수를 사용하여 리스트의 항목을 삭제하는 것을 보여준다. pop() 함수는 삭제되는 마지막 항목을 반환하기 때문에 이 값을 변수에 저장하여 다른 부분에서 사용할 수 있다. pop() 함수에 인수를 사용하지 않으면 마지막 항목이 삭제되고, 인수에 인덱스를 지정하면 해당 인덱스의 항목이 삭제된다. 인덱스가 -1인 항목은 마지막 항목이므로 pop(-1)을 실행하면 마지막 항목이 삭제된다.

```
nlist = [4, 8, 9, 1, 3, 6, 7]

item = nlist.pop() # item -> 7
print(nlist) # [4, 8, 9, 1, 3, 6]
item = nlist.pop() # item -> 6
print(nlist) # [4, 8, 9, 1, 3]

item = nlist.pop(2) # item -> 9
print(nlist) # [4, 8, 1, 3]
item = nlist.pop(-1) # item -> 3
print(nlist) # [4, 8, 1]
```

코드 7-9 pop() 함수로 리스트의 항목을 삭제하기

다음은 del() 함수를 사용하여 특정한 위치의 항목을 삭제하는 것을 보여 준다. del() 함수의 문법이 pop() 함수의 문법과 다른 형태인 것에 주의해야 한다. 그리고 del() 함수로 삭제할 때 삭제되는 항목은 변수에 저장을 할 수 없으므로 만일 다른 부분에서 사용하려면 삭제하기 전에 미리 저장을 해야 한다.

```
nlist = [4, 8, 9, 1, 3, 6, 7]

del nlist[1] # 인덱스 1 위치의 8을 삭제
print(nlist) # [4, 9, 1, 3, 6]
del nlist[2] # 인덱스 2 위치의 1을 삭제
print(nlist) # [4, 9, 3, 6]
```

코드 7-10 del() 함수로 리스트의 특정위치 항목을 삭제하기

7.1.5 리스트의 정렬

데이터를 처리할 때 데이터가 일정한 순서로 정렬되어 있으면 작업이 수월한 경우가 많다. 예를 들어 성적을 처리할 때 높은 점수부터 낮은 점수 순으로 정렬되어 있으면 성적을 부여하기 쉬운 것과 같은 경우이다.

리스트의 항목을 정렬할 때 sort() 함수, sorted() 함수, reverse() 함수 등을 사용한다.

sort() 함수는 리스트의 내용을 영구히 정렬하기 때문에 원본 리스트의 순서를 보관하고자 할 때는 사용할 수 없다. 원본 리스트의 복사본을 만들어 두더라도 복사본 리스트까지 정렬하는 특성이 있으므로 만일 원본 리스트를 보관하고자 할 때에는 뒤에서 배울 sorted() 함수를 사용해야 한다.

다음은 sort()함수를 사용하여 정수를 증가하는 순서대로 정렬한 예이다.

```
nlist = [4, 8, 9, 1, 3, 6, 7]

nlist.sort()
print(nlist) # [1, 3, 4, 6, 7, 8, 9]
```

코드 7-11 sort() 함수로 리스트를 정렬하기

sort()함수에 인수를 지정하지 않고 실행하면 기본적으로 증가하는 순서로 정렬이 되지만, 인수로 reverse=True를 지정해 주면 감소하는 순서대로 정렬을 할 수 있다.

다음은 sort()함수에 인수 reverse=True를 지정해 주어 정수를 감소하는 순서대로 정렬한 예이다.

```
nlist = [4, 8, 9, 1, 3, 6, 7]

nlist.sort(reverse=True)
print(nlist) # [9, 8, 7, 6, 4, 3, 1]
```

코드 7-12 sort() 함수로 리스트를 역순으로 정렬하기

리스트가 문자열로 구성된 경우에 sort()함수를 실행하면 알파벳 순서로 정렬된다. 그리고 reverse=True 인수를 지정하면 알파벳 역순으로 정렬된다. 다음은 문자열 리스트를 sort() 함수로 정렬한 예이다.

```
fruits = ['cherry', 'pear', 'apple', 'banana', 'grape']

fruits.sort()
print(fruits) # ['apple', 'banana', 'cherry', 'grape', 'pear']
```

코드 7-12 sort() 함수로 리스트를 역순으로 정렬하기

리스트의 원래 순서를 유지하면서 정렬을 하고자 할 때는 sortcd() 함수를 사용하면 된다. 다음은 nlist를 정렬하여 새로운 clist를 만드는 코드를 보여준다. 우선 sort()함수와 문법적인 형식에 차이가 있음에 유의해야 한다. 그리고 원본 리스트인 nlist는 순서가 변하지 않는 것에 유의하자.

```
nlist = [4, 8, 9, 1, 3, 6, 7]

clist = sorted(nlist)
print(clist)   # [1, 3, 4, 6, 7, 8, 9]
print(nlist)   # [4, 8, 9, 1, 3, 6, 7]
```

코드 7-13 sorted() 함수로 리스트를 정렬하기

sorted( ) 함수를 사용할 때에도 역순으로 정렬을 하려면 다음과 같이 인수에 reverse=True를 추가하면 된다.

```
nlist = [4, 8, 9, 1, 3, 6, 7]

clist = sorted(nlist, reverse=True)
print(clist)  # [9, 8, 7, 6, 4, 3, 1]
print(nlist)  # [4, 8, 9, 1, 3, 6, 7]
```

코드 7-13 sorted() 함수로 리스트를 역순으로 정렬하기

7.1.6 유용한 리스트 조작 함수

리스트는 파이썬에서 가장 유용하고 많이 쓰이는 데이터구조 중의 하나이므로 리스트를 조작하는 함수도 다양하게 제공한다. 앞에서 우리는 리스트에 항목을 추가하고, 삭제하고, 정렬하는 함수들을 살펴보았다. 이들 함수 외에 유용한 함수는 다음과 같다.

함수	설명	사용 형식
count()	리스트에서 지정한 값의 개수를 센다.	리스트.count(값)
index()	지정한 값의 인덱스를 반환한다. 리스트 안에 해당 값이 없으면 오류가 발생한다.	리스트.index(값)
copy()	리스트를 복사하여 새로운 리스트를 만든다.	새리스트 = 리스트.copy()
reverse()	리스트 항목의 순서를 역순으로 만든다.	리스트.reverse()
extend()	리스트 뒤에 리스트를 추가한다. 리스트의 더하기(+) 연산과 같은 기능이다.	리스트.extend(추가리스트)
remove()	리스트에서 지정한 값을 삭제한다. 해당 값이 여러 개이면 첫 번째 값만 지우고 해당 값이 없으면 오류가 발생한다.	리스트.remove(값)
clear()	리스트의 내용을 모두 지운다.	리스트.clear()

다음 코드는 위의 count( ) 함수에 대한 실행 예제이다.

```
nlist = [4, 8, 9, 4, 3, 6, 5]

cnt = nlist.count(4)
print(cnt)          # 4의 개수인 2가 출력된다

# 1~9 사이의 정수의 개수를 세기
for i in range(1, 10):
```

```
    print(i, nlist.count(i))

# 1~9 사이의 정수 중에서 리스트에 없는 정수를 리스트에 추가하기
for i in range(1, 10):
    if nlist.count(i) == 0: # 리스트 내에 정수 i가 없으면
        nlist.append(i) # 리스트에 정수 i를 추가
print(nlist)
```

코드 7-14 count() 함수를 사용한 다양한 작업

다음은 index() 함수에 대한 실행 예제이다. index() 함수를 사용할 때 주의해야 하는 점은 리스트 내에 존재하지 않는 값에 대해 함수를 실행하면 오류가 발생하기 때문에 반드시 찾고자 하는 값이 리스트 내에 존재하는지 미리 확인을 해야 한다는 점이다.

```
nlist = [4, 8, 9, 4, 3, 6, 5]

idx = nlist.index(4)
print(idx)           # 첫 번째 4의 인덱스인 0이 출력된다

# 1~9 사이의 정수 중에서 리스트에 존재하는 정수의 인덱스를 구하기
for i in range(1, 10):
    if i in nlist:              # 리스트 내에 정수 i가 존재하면
        idx = nlist.index(i)    # 정수 i의 인덱스를 구한다
        print(i, "의 인덱스=", idx)
```

코드 7-15 index() 함수를 사용한 다양한 작업

7.1.7 for 문으로 리스트 다루기

위에서 학습한 것 같이 파이썬은 리스트를 다루는 함수를 제공하지만 for문을 이용하여 리스트 안의 항목을 처리하는 것을 익힐 필요가 있다.

먼저 수로 구성된 리스트에서 최대값을 구해보자.

```
nlist = [11, 4, 7, 15, 8, 9, 10, 3]

mx = nlist[0] # 최대값을 나타내는 변수를 초기화
```

```
for num in nlist:
    if num > mx:   # 새로운 값이 현재 최대값 보다 크면
        mx = num   # 최대값을 갱신
print("최대값=", mx)
```

코드 7-16 최대값 구하기

짝수와 홀수를 구분하여 각각의 리스트를 새로 만드는 코드는 다음과 같이 작성할 수 있다.

```
nlist = [11, 4, 7, 15, 8, 9, 10, 3]
evenlist = []  # 짝수를 저장할 빈 리스트를 선언
oddlist = []   # 홀수를 저장할 빈 리스트를 선언

for num in nlist:
    if num % 2 == 0:         # 짝수를 evenlist에 저장
        evenlist.append(num)
    else :                   # 홀수를 evenlist에 저장
        oddlist.append(num)
```

코드 7-17 짝수와 홀수를 구분하여 리스트 만들기

지금까지는 for문을 리스트 밖에서 사용하는 방법만을 이용하였는데 리스트 함축(list comprehension)이라는 기법을 사용하면 리스트 안에서도 for 문을 사용할 수 있다.

0부터 8까지의 짝수를 포함하는 리스트는 다음과 같이 리스트 함축 기법을 사용하면 간편하게 만들 수 있다. 코드의 for문부터 해석하면 "range(5)에 속하는 각 i에 대하여 2*i를 계산하여 리스트를 만든다"라는 뜻이다.

```
nlist = [2*i for i in range(5)]
print(nlist) # [0, 2, 4, 6, 8]
```

코드 7-18 리스트 함축기법으로 짝수 리스트 만들기

리스트 함축기법으로 리스트를 만들 때 조건을 붙여서 만들어지는 리스트의 항목을 더욱 세분화할 수 있다. 아래 코드는 if 조건문이 포함된 리스트 함축기법으로 홀수 리스트를 만드는 방법이다.

```
nlist = [i for i in range(10) if i % 2 == 1]
print(nlist) # [1, 3, 5, 7, 9]
```

코드 7-19 리스트 함축기법으로 홀수 리스트 만들기

이와 같이 리스트 함축기법을 이용하면 편리하게 리스트를 만들 수 있다. 아래와 같이 논리 연산자로 조건을 추가하여 작성할 수도 있다. 1부터 100까지의 3의 배수 중에서 홀수만을 구해서 리스트를 만드는 코드이다.

```
nlist = [i for i in range(1, 100) if i % 3 == 0 and i % 2 == 1]
print(nlist) # [3, 9, 15, ..., 99]
```

코드 7-20 리스트 함축기법으로 3의 배수 중 홀수 리스트 만들기

리스트 함축기법은 문자열에도 사용할 수 있다. 아래 코드는 소문자를 대문자로 바꿔서 리스트를 만드는 것을 보여 준다.

```
clist = [w.upper() for w in ["book", "cat", "pen"]]
print(clist) # ['BOOK', 'CAT', 'PEN']
```

코드 7-20 리스트 함축기법으로 대문자로 바꿔서 리스트 만들기

단어의 첫 글자만 대문자로 바꿀 경우는 다음과 같이 작성할 수 있다.

```
clist = [w.title() for w in ["book", "cat", "pen"]]
print(clist) # ['Book', 'Cat', 'Pen']
```

코드 7-21 리스트 함축기법으로 첫 글자를 대문자로 바꿔서 리스트 만들기

다음은 단어 첫 글자만을 가지고 리스트를 만드는 예이다.

```
clist = [w[0] for w in ["book", "cat", "pen"]]
print(clist) # ['Book', 'Cat', 'Pen']
```

코드 7-22 리스트 함축기법으로 첫 글자로 된 리스트 만들기

7.1.8 2차원 리스트

테이블 형태의 2차원 배열은 여러 응용에 자주 사용되고 있다. 파이썬에서는 2차원 배열을 2차원 리스트로 표현할 수 있다. 2차원 리스트는 리스트의 요소(element)가 리스트인 형식이다.

```
array = [ [1, 2, 3], [4, 5, 6], [7, 8, 9] ]
print(array)
```

코드 7-23 2차원 리스트

2차원 리스트는 배열과 마찬가지로 행(row)과 열(row)로 나타낸다. 위에서 첫 번째 행은 [1, 2, 3]이고 인덱스는 0이다. 아래 코드는 각 행을 출력하는 코드이다.

```
array = [ [1, 2, 3], [4, 5, 6], [7, 8, 9] ]

for i in range(3) :
    print(array[i])

# 출력 결과
[1, 2, 3]    # array[0]
[4, 5, 6]    # array[1]
[7, 8, 9]    # array[2]
```

코드 7-24 2차원 리스트의 각 행을 출력하기

2차원 리스트의 요소에 접근하려면 행과 열을 나타내는 두개의 대괄호([][])를 지정해야 한다.

```
array = [ [1, 2, 3], [4, 5, 6], [7, 8, 9] ]

for i in range(3) :          # 3 -> 행의 개수
    for j in range(3):       # 3 -> 열의 개수
        if array[i][j] > 5:  # 원소의 값을 읽기
            print(array[i][j])

array[0][0] = 10 # 원소의 값을 수정하기
```

코드 7-25 2차원 리스트의 원소에 접근하기

7.2 튜플

7.2.1 튜플(tuple)의 개념

튜플(tuple)은 리스트와 요소를 변경할 수 없는 점을 제외하면 원소의 인덱싱이나 슬라이싱 등접근하는 방법이 동일하다. 리스트가 대괄호 []를 사용하여 나타낸 반면 튜플은 괄호 ()를 써서 나타낸다.

아래 코드는 여러 튜플을 나타내고 있다.

```
words = ("book", "bag", "pen", "cat", "dog") # 문자열로 이루어진 튜플
numbers = (56, 45, 1, 9, -45)               # 숫자로 이루어진 튜플
tlist = ( [1, 2, 3], ["a", "b", "c"])       # 리스트로 이루어진 튜플
```

코드 7-26 여러가지 튜플

튜플을 만들 때 주의해야 할 점이 있는데 원소가 하나인 튜플을 만들 때 원소 뒤에 반드시 쉼표를 붙여야 한다. 만일 붙이지 않으면 파이썬은 튜플을 나타내는 괄호를 수식의 괄호로 인식하기 때문이다.

```
words = ("book",)       # 문자열 하나로 이루어진 튜플
numbers = (56,)         # 숫자 하나로 이루어진 튜플
tlist = ( [1, 2, 3],)  # 리스트 하나로 이루어진 튜플
```

코드 7-27 원소가 하나인 튜플

튜플의 요소에 접근할 때 리스트와 마찬가지로 인덱스를 사용하여서 접근한다. 튜플과 리스트의 인덱스는 모두 대괄호 []를 사용하는 점이 주의해야 한다.

```
words = ("book", "bag", "pen", "cat", "dog") # 문자열로 이루어진 튜플
print(words[0])     # "book"
words[1] = "bags"  # 오류발생: 튜플의 원소는 수정할 수 없다
```

코드 7-28 튜플의 원소에 접근하기

리스트의 데이터를 tuple() 함수를 이용하여 튜플을 생성할 수 있다.

아래 코드는 5개의 원소로 구성된 리스트에서 튜플을 생성하는 예이다.

```
nlist = [4, 7, 2, 8, 9]
ntuple = tuple(nlist)
print(ntuple)

# 실행결과
(4, 7, 2, 8, 9)
```

코드 7-29 리스트에서 튜플을 만들기

반대로 튜플도 list() 함수를 사용하여 리스트로 변환할 수 있다.

```
wtuple = (“bag", "pen", "book")
wlist = list(wtuple)
print(wlist)

# 실행결과
[“bag", "pen", "book"]
```

코드 7-30 튜플에서 리스트를 만들기

7.2.2 튜플의 연산

튜플이 한번 만들어지면 요소를 추가하거나, 변경, 삭제 등을 할 수 없다. 그러나 += 연산자를 사용하여 다른 튜플을 추가할 수 있다.

```
wtuple = (“bag", "pen", "book")
wtuple += ("cat",)
print(wtuple)

# 실행결과
(“bag", "pen", "book", "cat")
```

코드 7-31 튜플에 다른 튜플을 추가하기

이와 같은 연산이 가능한 이유는 += 연산에 의해 기존의 튜플에 추가되는 것이 아니고 새로운 튜플을 생성하기 때문이다.

튜플 안의 원소로서 리스트가 포함되어 있을 때 그 원소 리스트에 대해 추가, 삭제, 변경을 할 수 있다.

```
ntuple = (3.14, [1, 2, 3])
ntuple[1][0] = 5      # ntuple[1]은 리스트를 가리키므로 [0]은 첫 번째 요소 1
print(ntuple)         # (3.14, [5, 2, 3])
ntuple[1].append(7)  # ntuple[1]이 가리키는 리스트에 7을 추가
print(ntuple)         # (3.14, [5, 2, 3, 7])
```

코드 7-32 튜플 안의 리스트에 추가, 삭제, 변경하기

7.3 딕셔너리

7.3.1 딕셔너리(dictionary)의 개념

리스트와 튜플은 인덱스를 사용하여 원소에 접근하는 데이터 구조이지만, 딕셔너리는 키(key)와 값(value)을 사용하여 항목에 접근한다. 따라서 리스트와 튜플에서 원소의 순서가 중요하지만 딕셔너리에서는 키와 값으로 항목에 접근하므로 항목의 위치는 상관이 없다.

딕셔너리는 중괄호 {}를 사용하여 나타낸다. 항목들을 나타낼 때 키를 먼저 쓰고 뒤에 콜론(:)을 붙인 후에 값을 쓰는 구조로 나타낸다. 항목들은 쉼표를 사용하여 서로 구분한다.

다음은 영어 단어와 뜻을 나타내는 한글을 딕셔너리 구조로 나타낸 것이다. 항목에 접근할 때는 대괄호 [] 안에 인덱스 대신에 키를 사용한다.

```
dict = {"cat": "고양이", "book": "책", "fruit": "과일" }
print(dict["cat"])

#실행 결과
고양이
```

코드 7-33 딕셔너리의 구조

키는 문자열, 정수, 실수, 불린값, 튜플 등 어떤 유형이든지 사용할 수 있지만 같은 값이 있으면 안 되고 반드시 유일해야 한다. 아래는 한 딕셔너리 안에 다양한 유형의 키를 정의한 예이다. 실제로 이렇게 사용을 하지 않겠지만 키가 다양한 유형의 데이터를 사용할 수 있는 것을 보여준다.

```
dict = {"cat": "고양이", 3: "three", True: 2, (1,2): "1사분면"}
print(dict[3])       # "three"
print(dict[(1,2)])  # "1사분면"
print(dict[True])   # 2
```

코드 7-34 다양한 키를 가진 딕셔너리

7.3.2 딕셔너리의 항목 탐색, 추가, 삭제

딕셔너리의 항목을 읽을 때 키를 지정해 주면 그에 해당하는 값을 읽을 수 있음을 위에서 살펴보았다. 그러나 이와 같은 방법을 사용하면 만일 키가 존재하지 않는 경우에는 오류가 발생한다. 따라서 아래와 같이 딕셔너리 안에 키가 있는지 확인을 한 후에 항목에 접근하는 것이 안전하다.

```
dict = {1: "one", 2: "two", 4: "four", 7: "seven"}
ikey = int(input("키를 나타내는 정수를 입력하시오:"))
if ikey in dict :
   print(ikey, ": ", dict[ikey])
else:
   print("ikey, "는 딕셔너리 안에 없음.")
```

코드 7-35 딕셔너리가 키를 가진 항목을 포함하는지 확인하기

딕셔너리에 항목을 추가할 때는 딕셔너리 이름에 키와 값을 지정해 주면 된다.

아래는 빈 딕셔너리에 항목을 하나씩 추가하는 것을 나타낸다. 딕셔너리의 순서는 입력된 순서와 다르게 지정되는 것을 주의해서 보자.

```
dict = {}
dict["apple"] = 3
dict["banana"] = 5
```

```
dict["pear"] = 1
dict["cherry"] = 2
print(dict)

# 실행 결과
{'apple': 3, 'banana': 5, 'pear': 1, 'cherry': 2}
```

코드 7-35 딕셔너리에 항목 추가하기

한 딕셔너리를 다른 딕셔너리에 추가할 때는 update() 함수를 사용하면 편리하다.

```
dict = {1: "one", 2: "two", 4: "four", 7: "seven"}
dict.update({3:"three", 5: "five", 6: "six"})
print(dict)

# 실행 결과
{1: 'one', 2: 'two', 4: 'four', 7: 'seven', 3: 'three', 5: 'five', 6: 'six'}
```

코드 7-36 update() 함수로 딕셔너리를 추가하기

딕셔너리에서 항목을 삭제할 때는 pop() 함수를 사용한다. pop(key)와 같이 키를 지정하면 딕셔너리의 항목 중에서 같은 키를 가진 항목을 삭제하고 삭제된 항목의 값을 반환한다.

```
dict = {1: "one", 2: "two", 4: "four", 7: "seven"}
number = dict.pop(2)
print("삭제된 항목의 값:“, number)

# 실행 결과
삭제된 항목의 값: two
```

코드 7-37 pop() 함수로 딕셔너리에서 항목을 삭제하기

딕셔너리의 각 항목을 하나씩 읽어서 처리할 때는 for문을 사용할 수 있다.

```
dict = {1: "one", 2: "two", 4: "four", 7: "seven"}
for key in dict :
   print(key, ":", dict[key])

# 실행 결과
1: one
2: two
4: four
7: seven
```

코드 7-38 for문으로 딕셔너리의 항목을 하나씩 읽기

파이썬은 다음과 같이 딕셔너리를 다루는데 유용한 함수를 제공한다.

```
dict = {1: "one", 2: "two", 4: "four", 7: "seven"}
print( dict.keys() )   # keys() 함수는 모든 키를 반환한다
print( dict.values() ) # values() 함수는 모든 값을 반환한다
print( dict.items() )  # items() 함수는 모든 (키,값)을 반환한다
print( len(dict) )     # len() 함수는 딕셔너리의 항목의 개수를 반환한다
dict2 = dict.copy()    # copy() 함수는 딕셔너리를 복사하여 새 딕셔너리를 생성한다.
print(dict2)           #
```

코드 7-39 딕셔너리에 관한 유용한 함수

연습문제

1. 다음 중 리스트에 대한 설명 중 옳은 것을 모두 고르시오.
   1) 한 리스트 내에서는 반드시 같은 자료형의 값만 지정할 수 있다.
   2) 한 리스트 안에 문자형과 실수형 데이터를 섞어서 포함할 수 있다.
   3) 리스트 내에 리스트를 포함할 수 없다.
   4) 리스트의 인덱스는 1부터 시작한다.
   5) 리스트의 범위 인덱스 [2:5]는 2,3,4를 나타낸다.
   6) append() 함수는 리스트의 앞에 항목을 추가한다.
   7) insert() 함수의 인수는 위치와 값을 나타내는 2개 인수를 지정한다.
   8) index() 함수는 지정한 값이 리스트에 없을 때 오류가 발생한다.

9) count() 함수에 지정한 값이 리스트 안에 여러 개일 때 오류가 발생한다.

10) sorted() 함수를 사용하면 원본 리스트의 순서를 유지할 수 없다.

2. 다음의 코드에서 오류가 발생하는 부분을 찾고 그 이유를 밝히시오.

```
dlist = ['dog', 'cat', 'horse']

print(dlist[2])
print(dlist[-1])
print(dlist[-3])
print(dlist[3])
```

3. 다음 코드를 실행했을 때 오류가 발생하는 부분의 문장 번호를 쓰고 옳게 고치시오.

```
1    nlist = [2, 3, 7, 8, 4]
2    list1 = []
3    list2 = []
4    for i in range(len(nlist)+1) :
5       if i % 2 == 0:
6          list1.append(i)
7       else:
8          list2.append(i)
9    print(list1)
10   print(list2)
```

4. 나음 코드의 실행결과를 쓰시오.

```
nlist = [1, 2, 3, 4, 5, 6, 7]
print( sum(nlist[2:5]) )
```

5. 다음 코드의 실행결과를 쓰시오.

```
nlist = [1, 2, 3, 4, 5, 6, 7]
print( nlist[::2] )
```

6. 다음 코드의 실행결과를 쓰시오.

```
nlist = [n for n in range(10) if n % 3 == 0 ]
print( nlist)
```

7. 다음 코드의 실행결과를 쓰시오.

```
nlist = [n if n > 0 else 0 for n in [3, -1, -5, 4] ]
print( nlist)
```

8. 다음 코드의 실행결과를 쓰시오.

```
nlist = [n**2 for n in range(1, 5, 2) ]
print( nlist)
```

9. 다음 리스트를 copy() 함수를 이용하여 nlist2로 복사하는 문장을 쓰시오.

```
nlist = [1, 2, 3, 4, 5]
```

10. 다음 리스트에서 pop() 함수를 이용하여 5를 삭제하는 문장을 쓰시오.

```
nlist = [1, 2, 3, 4, 5]
```

11. 다음 코드의 실행 결과를 쓰시오.

```
ntuple = (1, 2, 3, 4, 5)
ntuple[0] = 3
print(ntuple)
```

12. 다음 코드의 실행 결과를 쓰시오.

```
ntuple = (1, 2, 3, 4, 5)
ntuple += (6, 7)
print(ntuple)
```

13. 다음 코드는 오류가 발생한다. 옳게 고치시오.

```
ntuple = (1, 2, 3, 4, 5)
ntuple += (6)
print(ntuple)
```

14. 다음 딕셔너리의 "age"값을 30으로 수정하는 코드를 (가)의 빈칸에 작성하시오.

```
person = { "name": "John", "age": 23, "job": "student" }

_______ (가) _______
```

```
print(person)
{ "name": "John", "age": 30, "job": "student" }
```

15. 다음 딕셔너리에서 "grape"의 "amount"값을 1500으로 수정하는 코드를 (가)의 빈칸에 작성하시오.

```
fruits = { 1: {"name": "apple", "amount": 2000},
           2: {"name": "grape", "amount": 1200}
         }

_______ (가) _______

print(fruits)
{1: {'name': 'apple', 'amount': 2000},
 2: {'name': 'grape', 'amount': 1500}
}
```

16. 다음 딕셔너리에서 pop() 함수를 사용하여 키 "tom"을 삭제하는 코드를 (가)의 빈칸에 작성하시오.

```
students = { "john": 87, "tom": 32, "kathy": 93, "july": 88}

_______ (가) _______

print(students)
{ "john": 87, "kathy": 93, "july": 88}
```

17. 다음에서 copy() 함수를 사용하여 s1 딕셔너리를 복사하여 새로운 s2 딕셔너리를 생성하는 코드를 (가)의 빈칸에 작성하시오.

```
s1 = { "john": 87, "tom": 32, "kathy": 93, "july": 88}

_______ (가) _______

print(s2)
{ "john": 87, "tom": 32, "kathy": 93, "july": 88}
```

18. 다음은 딕셔너리의 모든 키를 변수 k에 저장한 다음 리스트로 변환하는 코드이다. (가)의 빈칸에 들어갈 알맞은 코드를 작성하시오.

```
s = { "john": 87, "tom": 32, "kathy": 93, "july": 88}

_______ (가) _______

print( list(k) )
['john', 'tom', 'kathy', 'july']
```

프로그래밍 문제

1. 정수로 구성된 리스트 nlist의 부분합을 구하는 함수 psum(nlist, i1, i2)를 작성하시오. 즉, psum(nlist, i1, i2)의 값은 nlist[i1] + nlist[i1+1] + ... + nlist[i2] 와 같이 i2를 포함한다.

실행결과

```
nlist = [7, 2, 3, 1, 5, 4, 9]
hap = psum(1, 3)
print(hap)
부분합은 6 입니다. (2 + 3 + 1)
```

2. 함수 divide3(nlist)를 다음과 같이 작성하시오. 함수 안에 먼저, 공백 리스트(blank list) n0, n1, n2를 만든다. 리스트 nlist에서 3의 배수는 n0에, 3으로 나누어 1이 남는 수는 n1에, 3으로 나누어 2가 남는 수는 n2에 저장하고 (n0, n1, n2)를 반환한다. (힌트: append() 함수를 사용하시오.)

실행결과

```
nlist = [1, 2, 3, 4, 5, 6, 7, 8]
n0, n1, n2 = divide3(nlist)
print("n0=", n0)
print("n1=", n1)
print("n1=", n2)
```

```
n0= [3, 6]
n1= [1, 4, 7]
n1= [2, 5, 8]
```

3. 문자열 단어로 구성된 리스트 wlist의 원소 중에서 길이가 3인 원소의 개수를 반환하는 함수 word3(wlist)를 작성하시오.

실행결과

```
wlist = ["bag", "computer", "pen", "happy", "book"]
cnt = word3(wlist)
print(cnt)
2
```

4. 두 개의 리스트를 인수로 입력 받아서 공통된 인수가 있으면 True를 반환하는 함수 common(list1, list2)를 작성하시오.

실행결과

```
list1 = [3, 7, 9, 11, 15]
list2 = [2, 3, 5]
print(common(list1, list2))
True
```

5. 정수로 구성된 리스트 nlist에서 최대값과 최소값의 차이를 반환하는 함수 diffMaxMin(nlist)를 작성하시오.

실행결과

```
nlist = [7, 2, 3, 1, 5, 4, 9]
d = diffMaxMin(nlist)
print(d)
8
```

6. 정수로 구성된 2차원 리스트 안의 모든 원소들의 합을 구하는 함수 sumMat(mat)를 작성하시오.

실행결과

```
mat = [[1, 1], [2, 2], [1, 1]]
hap = sumMat(mat)
print(hap)
10
```

7. 2차원 리스트로 행렬을 정의하고 행렬의 덧셈을 하는 함수 addMatrix(mat1, mat2)를 작성하시오.

실행결과

```
mat1 = [[1, 1, 1], [2, 2, 2], [3, 3, 3]]
mat2 = [[2, 2, 2], [0, 0, 0], [3, 3, 3]]
m = addMatrix(mat1, mat2)
print(m)
[[3, 3, 3], [2, 2, 2], [6, 6, 6]]
```

8. 2차원 리스트의 각 행(row)에서 최대값을 구하는 함수 maxRow(mat)를 작성하시오. 반환값은 리스트 형식으로 하시오.

실행결과

```
mat = [[1, 3, 1], [7, 2, 1], [0, 3, 5]]
mlist = maxRow(mat)
print(mlist)
[[3, 7, 5]]
```

9. 다음과 같이 딕셔너리 구조로 간단한 영어 사전을 만드시오.
   1) 빈 딕셔너리 dict를 만든다.
   2) while 루프로 아래 작업을 반복을 한다.

3) 먼저, 영어 단어를 input() 함수로 입력 받아 이 단어를 키(key)로 설정한다. "q"를 입력하면 while 루프를 벗어나서 딕셔너리를 출력하고 프로그램을 종료한다. 딕셔너리에 이미 키가 존재하면 다시 영어 단어를 입력 받는다. (continue 사용)
4) 그 다음에 한글 뜻을 input() 함수로 입력 받아 이를 값(value)으로 설정한다.
5) 영어 단어와 한글 뜻을 딕셔너리에 추가하고 이 작업을 계속 반복한다.

실행결과

```
영어 단어를 입력하시오: book
한글 뜻을 입력하시오: 책
영어 단어를 입력하시오: cat
한글 뜻을 입력하시오: 고양이
영어 단어를 입력하시오: book
이미 존재합니다. 다시 입력하시오.
영어 단어를 입력하시오: school
한글 뜻을 입력하시오: 학교
영어 단어를 입력하시오: q
영어사전 내용은 다음과 같습니다.
{'book': '책', 'cat': '고양이', 'school': '학교'}
```

10. 다음과 같이 딕셔너리 구조로 입력한 단어를 길이에 따라 분류하시오.

{1: ["a"], 2:["in", "an"], 3: ["cat", "pen", "dog"], 4: ["book"] }

즉, 단어의 길이가 키가 되고 입력한 단어는 리스트 안에 저장하는 딕셔너리구조이다.

1) 빈 딕셔너리 dict를 만든다.
2) while 루프로 아래 작업을 반복을 한다.
3) 영어 단어를 input() 함수로 입력 받아 이 단어의 길이를 키(key)로 설정하고, 값은 같은 길이의 영어 단어를 포함하는 리스트 안에 추가한다. 딕셔너리에 이미 단어가 존재하여도 무시하고 추가한다.
4) 숫자 "0"을 입력하면 while 루프를 벗어나서 dict를 출력하고 프로그램을 종료한다.

실행결과

```
영어 단어를 입력하시오:cat
영어 단어를 입력하시오:pen
영어 단어를 입력하시오:to
영어 단어를 입력하시오:book
영어 단어를 입력하시오:in
영어 단어를 입력하시오:0
입력한 단어는 다음과 같습니다.
{3: ['cat', 'pen'], 2: ['to', 'in'], 4: ['book']}
```

제8장

문자열과 파일 입출력

8.1 문자열(string)의 개념

지금까지 우리는 문자열(string)을 자주 사용하였는데 문자열의 성질을 중심으로 더 자세히 학습을 해보자. 문자열은 리스트와 유사한 부분이 많으므로 이를 유의하면서 학습을 하면 도움이 된다. 이미 배웠듯이 문자열은 큰 따옴표(“”) 또는 작은 따옴표(‘ ’)로 묶어서 표현을 한다. 큰 따옴표와 작은 따옴표는 서로 섞어 쓸 때를 구분하기 위한 것 외에는 서로 의미가 같다.

문자열의 문자를 하나씩 처리하기 위해서 인덱스를 사용하는데 리스트와 마찬가지로 왼쪽에서 0부터 시작하고 마지막 문자의 인덱스는 −1로 나타낼 수 있다. 슬라이스 표현도 가능하다.

```
sent = "This is a string"
sent[0] # 'T'
senf[1] # 'h'
sent[-1] # 'g'
sent[-2] # 'n'
sent[0:4] # 'This'
senf[6:8] # 'is'
```

코드 8–1 문자열 다루기

문자열의 연산 중에 가장 기본적인 것으로 더하기 (+)와 곱하기 (*) 연산이 있다.

```
word1 = "book"
word2 = "cafe"
print(word1 + word2)  # word1 뒤에 word2를 추가
#실행 결과
bookcafe

print(word1 * 3)      # word1을 3번 반복
#실행 결과
bookbookbook
```

코드 8-2 문자열의 더하기 및 곱하기 연산

문자열의 길이를 구하는 함수는 리스트의 원소의 개수를 구하는 함수와 동일하게 len() 함수이다. 다음은 len() 함수를 이용하여 문자열의 길이를 구하는 코드이다. 리스트 words에 대해서도 길이를 구하기 위해 len() 함수를 사용하고, 리스트 안의 문자열 원소에 대해서도 길이를 구하기 위해서도 len() 함수를 사용하였다.

```
words = ["book", "cat", "12345", "hat345"]
print("words 리스트의 길이=", len(words) # len( ) 함수로 리스트의 길이 구하기

for w in words :
   print(w, ":", len(w) ) # len( ) 함수로 문자열의 길이 구하기
```

코드 8-3 len() 함수로 리스트 및 문자열의 길이 구하기

앞에서 언급하였지만 다시 한 번 강조하는 것은 input() 함수로 입력을 받으면 숫자를 입력 받더라도 문자이기 때문에 직접 계산을 할 수 없다는 점이다. 아래와 같이 input() 함수로 변수 s에 숫자 9를 입력 받아서 데이터형을 확인해 보면 'str'임을 확인할 수 있다. 따라서 변수 s를 연산에 사용하면 오류가 발생한다. 따라서 int() 함수로 정수형으로 변환하거나 float() 함수로 실수형으로 변환한 후에 연산을 할 수가 있다.

반대로 정수나 실수를 문자열로 변환할 때는 str() 함수를 사용한다.

```
s = input("숫자를 입력하시오:") # 숫자 9를 입력
print(type(s))
# 실행 결과
<class 'str'>

t = s - 3
# 실행 결과: 오류 발생
TypeError: unsupported operand type(s) for -: 'str' and 'int'

t = int(s) - 3  # 문자열 s를 정수형으로 변환

str(t)          # 정수 t를 문자열로 변환
```

코드 8-4 int() 함수와 str() 함수로 형 변환하기

관계연산자 ==, !=, 〈, 〉 등을 이용하여 문자열을 서로 비교할 수 있다. 문자열의 크기는 사전에 나오는 순서대로 크기가 정해진다. 즉, 사전의 앞에 나오는 문자열이 뒤에 나오는 문자열보다 더 작다.

```
if "cat" < "dog" :
print("문자열 'cat'이 'dog'보다 더 작다.")
```

코드 8-5 문자열의 비교

8.2 문자열 관련 내장 함수

컴퓨터를 이용한 작업에서 문자열은 많이 사용하기 때문에 파이썬은 len()과 str() 함수 외에도 문자열에 관련하여 다수의 내장함수(built-in function)를 제공하고 있다.

8.2.1 문자열 변환 함수: upper(), lower(), title(), swapcase()

소문자와 대문자를 서로 변환하는 경우에 사용하는 함수로서, upper() 함수는 소문자를 대문자로 변환한다. lower() 함수는 대문자를 소문자로 변환한다. title() 함수는 각 단어의 앞 글자만 대문자로 변화한다. swapcase() 함수는 소문자를 대문자로 변환하고 대문자를 소문자로 변환한다. 이들 함수들은 기호나 한글에 적용하더라도 영향을 주지 않는다.

```
sent = "We are studying Python."
sent.upper()
sent.lower()
sent.title()
sent.swapcase()

# 실행결과
'WE ARE STUDYING PYTHON.'
'we are studying python.'
'We Are Studying Python.'
'wE ARE STUDYING pYTHON.'
```

코드 8-6 문자열 변환 함수의 적용

8.2.2 문자열 찾기 함수: find(), rfind(), count(), index(), rindex()

find() 함수는 문자열을 인덱스가 시작하는 왼쪽부터 찾아서 그 위치의 인덱스를 반환한다. 찾고자 하는 문자열이 여러 개 있을 때에는 맨 왼쪽에 있는 문자열만 찾는다. 그러나 두 번째 인수로 시작하는 위치를 지정해 줄 수 있다. 아래 코드에서 find() 함수는 문자열 "are"의 첫 번째 위치를 pos1에 저장한다. 그런 다음 find() 함수에 pos1 + 1 이라는 두 번째 인수를 지정해 주면 두 번째 위치에 있는 문자열 "are"의 위치를 pos2에 구할 수 있다. find() 함수에 시작위치와 끝위치를 정해주면 찾는 범위를 설정해 줄 수 있다. 아래 pos3에는 3과 30 사이의 범위에서 문자열 "we"를 찾아 그 위치가 저장된다. 만일 찾고자 하는 문자열을 발견하지 못하는 경우에는 −1을 반환한다.

```
sent = "we are studying Python and we are happy"
pos1 = sent.find("are")
print(pos1) # "are"의 첫 번째 위치 : 3

pos2 = sent.find("are", pos1+1)
print(pos2) # "are"의 두 번째 위치 : 30

pos3 = sent.find("we", 3, 30)
print(pos3) # 인덱스 3과 30 사이의 "we"의 위치: 27

pos4 = sent.find("is")
```

```
print(pos4) # "is"가 없으므로 -1을 반환
```

코드 8-7 find() 함수로 문자열 찾기

find() 함수는 문자열을 인덱스가 시작하는 왼쪽부터 찾지만, rfind() 함수는 문자열이 나타나는 마지막 위치를 찾는다. 따라서 find() 함수와는 달리 한번만 실행을 해야 한다. rfind() 함수도 문자열을 발견하지 못하면 −1을 반환한다.

```
sent = "we are studying Python and we are happy"
pos1 = sent.rfind("are")
print(pos1) # 마지막 위치 : 30
```

코드 8-8 rfind() 함수로 문자열 찾기

index() 함수는 find() 함수와 동일하고, rindex() 함수는 rfind() 함수와 동일하지만, 만일 찾고자하는 문자열이 없을 때에는 오류가 발생한다. 따라서 index() 함수와 rindex() 함수를 사용할 때에는 미리 찾고자 하는 문자열이 찾는 문자열 안에 있는지 확인을 한 후에 함수를 실행해야 한다.

```
sent = "we are studying Python and we are happy"
word = "is"
if word in sent :
   pos = sent.index(word)
   print(pos)
else:
   print(word, " is not in the string.")
```

코드 8-9 index() 함수로 문자열 찾기

count() 함수는 문자열이 몇 번 출현하는지에 대한 개수를 반환한다. 아래 코드는 문장에 "e"가 몇 개 나타나는지 구하는 것이다.

```
sent = "we are studying Python and we are happy"
cnt = sent.count("e")
print(cnt) # 4
```

코드 8-10 count() 함수로 문자열 개수 구하기

8.2.3 문자열 변경 함수: replace(), strip()

replace("이전 문자열", "새 문자열") 함수는 모든 "이전 문자열"을 "새 문자열"로 변경한다. 아래 코드는 replace() 함수가 모든 문자열 "we"를 "We"로 변경하는 것을 보여준다.

```
sent = "we are studying Python and we are happy"
newsent = sent.replace("we", "We")
print(newsent)

# 실행 결과
We are studying Python and We are happy
```

코드 8-11 replace() 함수로 문자열 변경하기

strip() 함수는 문자열의 앞뒤에 있는 공백(blank)이나 특정문자를 제거해 준다. strip() 함수에 인수를 지정하지 않으면 공백을 제거하고, 특정문자를 지정해 주면 문자열 앞뒤에 있는 그 문자가 제거된다. 문자열의 중간에 있는 공백이나 특정문자는 제거하지 않기 때문에 이들을 제거하려면 따로 프로그램을 작성해야 한다.

아래 코드는 strip() 함수에 의해서 문자열 앞뒤에 있는 공백이나 특정문자를 제거하는 것을 보여준다.

```
word1 = " book "
print(word1, len(word1)) # 공백포함 문자열 길이: 6
word2 = word1.strip()
print(word2, len(word2)) # 공백제거후 문자열 길이: 4
word3 = "$book$"
word4 = word3.strip("$") # 특정문자 $를 제거함
print(word4) # "book"
```

코드 8-12 strip() 함수로 문자열 앞뒤의 문자 제거하기

8.2.4 문자열 분리/결합 함수: split(), splitlines(), join()

split() 함수는 인수로 지정된 문자를 기준으로 문자열을 분리하며 인수를 지정하지 않은 경우에는 공백을 기준으로 분리한다. 분리된 결과는 리스트이다. splitlines() 함수는

행이 바뀌는 '\n' 문자를 기준으로 분리한다.

```
sent = "They are studying Python"
words = sent.split()
print(words)
# 실행 결과
['They', 'are', 'studying', 'Python']

sent = "This$is$good"
words = sent.split('$')
print(words)
# 실행 결과
['This', 'is', 'good']

sent = "This is sentence1.\nThis is sentence2."
lines = sent.splitlines()
print(lines)
# 실행 결과
['This is sentence1.', 'This is sentence2.']
```

코드 8-13 split() 함수로 문자열 분리하기

join() 함수는 문자열을 합치는 함수이지만 합치는 방식이 문자 사이에 추가하는 방식이므로 조금 생소할 수 있기 때문에 주의해야 한다.

```
dlimit = "**"
res = dlimit.join("open")
print( res)

# 실행 결과
'o**p**e**n'
```

코드 8-14 join() 함수로 문자열 합치기

8.2.5 문자열 구성 확인 함수: isdigit(), isalpha(), isalnum(), isspace()

isdigit() 함수는 문자열이 숫자로만 구성되었는지 확인하고 결과값으로 Ture/False를 반환한다. isalpha() 함수는 문자열이 글자로만 구성되었는지 확인하는 함수이다.

isalnum() 함수는 문자와 숫자로만 구성되어 있는지 확인한다. 따라서 문자열에 공백이 포함되어 있는 경우 False를 반환한다. isspace() 함수는 공백이나 행바꿈 문자('\n'), 탭문자('\t') 등일 때 True를 반환한다. 이런 문자들을 일반적으로 '흰 글자'(white space)라고 부른다.

```
word1 = "2021"
word1.isdigit()

word2 = "Python"
word2.isalpah()

word3 = "HTML5"
word3.isalnum()

word4 = "\n\t"
word4.isspace()
```

코드 8-15 isspace() 함수로 확인하기

8.3 파일 읽고 쓰기

파일은 대량의 데이터를 보관하는 장소이므로 이를 읽어서 처리하는 것은 아주 중요한 작업이다. 이번 장에서는 텍스트 파일을 읽고 쓰는 내용을 학습한다.

8.3.1 파일 읽기

파일을 읽으려면 먼저 open() 함수로 파일을 열어야 한다. 열려는 파일을 인수로 지정해주고 두 번째 인수로 "r"을 지정하면 open() 함수는 파일의 아이디 또는 파일 핸들이라고 할 수 있는 파일 객체를 반환한다. 파일 핸들이 없다면 여러 개의 파일에서 데이터를 읽을 경우에 어떤 파일에서 읽을 것인지 알 수가 없을 것이다. 파일을 연 후에는 데이터를 읽어야 하는데 가장 대표적인 명령문이 readline() 함수이다. readline() 함수는 행바꿈 문자('\n')로 구분된 한 행을 읽는다. 여기에서 한 행은 길이와 관계없이 행바꿈 문자('\n')로 구분될 때까지 모든 문자가 포함된다. 파일을 다 읽은 후에는 close() 함수로 파일을 닫아 준다.

다음은 "temp" 폴더 안의 "data.txt" 파일을 읽고 3개의 행을 읽는 것을 보여 준다.

```
infile = None
line = ""

infile = open("D:/temp/data.txt", "r")  # 파일을 "r"모드로 열기

line = infile.readline()                # 첫 번째 행 읽기
print(line, end="")

line = infile.readline()                # 두 번째 행 읽기
print(line, end="")

line = infile.readline()                # 세 번째 행 읽기
print(line, end="")

infile.close()
```

코드 8-16 파일 읽기

그러면 파일 안에 있는 내용을 모두 읽으려면 어떻게 해야 할까. 우선 파일 안에 몇 개의 행이 있는지 모르기 때문에 while문을 사용하여 계속 읽어 나가다가 realine() 함수로 읽은 결과가 공백이면 파일의 끝에 이른 것을 알 수 있다.

아래 코드는 while 문을 사용하여 위의 파일의 내용을 계속 읽어서 출력을 하다가 파일의 끝에 이르면 while 루프를 벗어나서 종료하는 것을 보여준다.

```
infile = None
infile = open("D:/temp/data.txt", "r") # 파일 열기

while True:
   line = infile.readline()            # 한 행 읽기
   if line == "":                      # 파일의 끝에 다다르면 종료
      break
   print(line, end="")

infile.close()
```

코드 8-17 파일의 내용을 한 행씩 끝까지 읽기

위와 같이 한 행씩 읽는 함수 외에 readlines() 함수는 한 번에 파일의 내용을 다 읽어 들인다. 따라서 while 문이 필요 없다.

```
infile = open("D:/temp/data.txt", "r")  # 파일 열기
lines = infile.readlines()              # 모든 행 읽기
print(lines)
infile.close()
```

코드 8-18 파일의 내용을 한 번에 모두 읽기

파일의 위치를 확실히 알고 있을 경우에는 위와 같이 하여도 무방하나 일반적으로 파일을 읽을 때는 아래와 같이 파일이 존재하는지 먼저 확인을 해야 한다.

```
import os

fname = "D:/temp/data1.txt"

if os.path.exists(fname) :
   infile = open(fname, "r")     # 파일 열기
   lines = infile.readlines()    # 모든 행 읽기
   print(lines)

   infile.close()
```

코드 8-19 파일이 존재하는지 먼저 확인하고 읽기

파일에서 realine() 함수로 한 행에 해당하는 데이터를 읽어 들일 때 주의할 점이 있는데 마지막에 개행문자('₩n')가 붙어 있다는 점이다. 따라서 단어를 처리할 때는 일반적으로 이를 제거해야 하는데 아래와 같이 앞에서 배웠던 strip() 함수를 이용하면 된다.

```
infile = None
infile = open("D:/temp/data.txt", "r") # 파일 열기

while True:
   line = infile.readline()            # 한 행 읽기
   if line == "":                      # 파일의 끝에 다다르면 종료
      break
```

```
    line.strip()                          # 개행문자 제거
    words = line.split()                  # 문자열을 단어로 분리
    print(words, end="")                  # 리스트 ['This', 'is', 'Python']

infile.close()
```

코드 8-20 한 행의 끝에 있는 개행문자 제거하기

8.3.2 파일 쓰기

파일을 새로 만들고 쓸 때는 파일을 "w"모드로 열고 write() 함수를 사용한다.

아래는 output.txt 라는 파일을 만들고 그 안에 data 변수의 내용을 쓰는 작업을 보여준다. 만일 문자열과 변수를 함께 쓸 때에는 % format을 사용하여 지정해 주어야 한다.

```
fname = "D:/temp/output.txt"

outfile = open(fname, "w")                # 파일을 "w"모드로 열기
data = "2.3 6.7 3.4 "
outfile.write(data)                       # 파일에 쓰기 1
outfile.write("values : %s \n" % data)  # 파일에 쓰기 2

outfile.close()
```

코드 8-21 파일에 데이터 쓰기

8.3.3 CSV 파일 다루기

CSV(Comma Separated Values) 형식의 파일은 첫 번째 라인에 헤더 정보가 있고 두 번째 라인부터 데이터가 나오는데 데이터는 쉼표(,)로 구분된다. 경우에 따라서 헤더정보가 없는 경우도 있다. CSV 형식의 파일은 Microsoft Excel 프로그램에서 직접 읽고 쓸 수 있는 등 여러모로 편리한 점이 많이 있으므로 널리 사용되고 있다. 파이썬에서도 CSV 형식의 파일을 읽고 쓰기 위한 csv 모듈을 제공한다. csv 모듈을 불러들인 후에 csv.reader() 함수를 이용하여 CSV 형식의 파일을 읽을 수 있고, 또 csv.writer() 함수를 이용하여 쓸 수도 있다.

캐글 사이트(https://www.kaggle.com/uciml/iris)에 있는 아이리스 파일 Iris.csv를 다운로드한 후에 읽어보자.

```
import csv

infile = open("Iris.csv", "r")          # 파일을 "r"모드로 열기
data = csv.reader(infile)
header = next(data)
print(header)

for line in data :
   print(line)

infile.close()

# 출력 결과
['Id', 'SepalLengthCm', 'SepalWidthCm', 'PetalLengthCm', 'PetalWidthCm',
'Species']
['1', '5.1', '3.5', '1.4', '0.2', 'Iris-setosa']
['2', '4.9', '3.0', '1.4', '0.2', 'Iris-setosa']
['3', '4.7', '3.2', '1.3', '0.2', 'Iris-setosa']
['4', '4.6', '3.1', '1.5', '0.2', 'Iris-setosa']
['5', '5.0', '3.6', '1.4', '0.2', 'Iris-setosa']
... 이하 생략
```

코드 8-22 Iris.csv 파일 읽기

연습문제

1~10번의 문제는 아래 문자열을 이용하여 문제를 해결하시오.

str = "Python is easy and useful"

1. 위의 문자열에서 str[0:5]의 값은 무엇인지 쓰시오.
2. 위의 문자열에서 str[-4:]의 값은 무엇인지 쓰시오.
3. 위의 문자열에서 str.split()의 결과값은 무엇인지 쓰시오.
4. 위의 문자열에서 단어 사이의 공백은 모두 슬래쉬('/')로 바꾸는 명령을 쓰시오.
5. 위의 문자열에 다음 명령을 실행하면 결과값이 무엇인지 쓰시오.

   str.index('Java')

6. 위의 문자열에서 글자 'e'의 개수를 세는 명령을 쓰시오.
7. 위의 문자열에서 글자 'i'의 위치를 찾는 명령 2개를 모두 쓰시오.
8. 위의 문자열에서 각 단어의 첫 글자를 대문자로 바꾸는 명령을 쓰시오.
9. 위의 문자열의 길이를 구하는 명령을 쓰시오.
10. 위의 문자열을 모두 대문자로 바꾸는 명령을 쓰시오.
11. "myfile.css"라는 이름의 파일을 읽기 모드로 열고(open) 파일 객체는 fid로 지정하는 명령을 작성하시오.
12. "outfile.css"라는 이름의 파일을 쓰기 모드로 열고(open) 파일 객체는 ofile로 지정하는 명령을 작성하시오.
13. 위의 1번에서 생성한 파일 객체 fid에서 한 라인을 읽어 line 변수에 저장하는 명령을 작성하시오.
14. 위의 1번에서 생성한 파일 객체 fid에서 한 라인을 읽어 line 변수에 저장할 때 라인의 앞뒤에 있는 공백은 제거하는 명령을 작성하시오.
15. 위의 2번에서 생성한 파일객체 ofile에 "This is data.₩n"를 쓰는 명령을 작성하시오.

프로그래밍 문제

1. 다음과 같은 작업을 하는 프로그램을 작성하시오.
   1) for 문을 사용하여 3회 반복하여 다음 2~3번 작업을 실행하시오.
   2) 영어와 숫자로 구성된 단어를 입력 받는다.
   3) 입력 받은 단어에서 알파벳 문자의 개수와 숫자의 개수를 출력한다.

실행결과

```
단어를 입력하시오: cat15
알파벳 문자 개수: 3
숫자 개수: 2

단어를 입력하시오: 12345
알파벳 문자 개수: 0
숫자 개수: 5
```

2. 다음과 같은 작업을 하는 프로그램을 작성하시오.
   1) "Learning Python is fun."과 같이 한 문장이 저장된 infile.txt를 수동으로 만들어 준비한다.
   2) infile.txt 파일을 읽어서 변수 line에 저장한다.
   3) 모음의 개수를 나타내는 변수 cnt_a, cnt_e, cnt_i, cnt_o, cnt_u 를 선언하고 모두 0으로 초기화한다.
   4) 변수 line의 문자를 하나씩 모음인지 검사하여 위의 해당하는 변수 값을 1씩 증가시킨다.
   5) 변수 line의 문자를 모두 검사하였으면 3번의 변수 값을 outfile.txt에 출력한다.

실행결과

```
C:\> type outfile.txt

cnt_a = 1
cnt_e = 1
cnt_i = 2
cnt_o = 1
cnt_u = 1
```

제9장
클래스와 모듈

9.1 클래스의 개념

파이썬은 객체지향 프로그래밍(Object-oriented Programming, OOP)을 지원하는 언어이다. 객체지향 프로그램의 중심에는 클래스라는 개념이 자리잡고 있으므로 클래스에 관련된 내용이 조금 어렵다고 느껴지더라도 확실히 개념을 습득해야 한다.

9.1.1 클래스(Class)와 객체(Object)

클래스(Class)는 다음과 같이 class 지시어 다음에 클래스명을 쓰고 관련 명령문을 블록 안에 써서 생성한다.

```
class 클래스명 :
    # 블록 안의 관련 명령문
```

클래스는 객체(Object)를 생성하는 템플릿이다. 클래스와 객체의 개념 및 관계를 설명할 때 가장 간단한 방법은 현실 세계의 사물에 빗대어 설명하는 것이다. 우리가 알고 있는 '자동차'라는 개념을 클래스에 비유하면 실제로 도로 상에서 움직이는 모든 자동차는 객체가 된다. 즉 우리가 머릿속에 생각하는 '자동차'라는 개념이 실제로 도로 위에 움직이는 자동차가 아니고 객체로 생성되어야만 비로소 눈에 보이고 만질 수 있는 자동차가 되는 것이다.

마찬가지로 클래스는 하나의 개념으로서 '실제로 접근할 수 없고 템플릿으로 선언만 하는 것'이며 이를 바탕으로 객체를 생성한 후에 이 객체에 접근하여 프로그램을 작성한다.

```
class Car :
    maker = ""
    color = ""
    year = 0

    def setMaker(self, maker) :
        self.maker = maker
    def getMaker(self) :
        return self.maker
```

코드 9-1 클래스 선언하기

클래스 안의 코드를 보면 3개의 변수와 2개의 함수가 정의되어 있는 것을 볼 수 있다. 클래스 안에 정의된 변수는 인스턴스 변수(instance variable)라고 부르며 함수는 메서드(method)라고 부른다. 3개의 변수의 값은 초기값으로 설정되어 있다. 변수와 메서드는 이미 알고 있는 것과 다른 것이 없지만 메서드 안에 self가 지정되어 있는 것을 볼 수 있다. 지금은 아직 이해가 안 되더라도 self가 클래스 자체를 가리킨다고 알고 있으면 된다.

위의 클래스 안의 필드인 maker와 setMaker() 메서드의 인수인 maker를 구분할 때 self를 붙여서 구분하는 것을 보면 self의 사용에 대해 조금은 이해가 될 것이다. 즉, self.maker = maker의 뜻은 인수 maker의 값을 클래스 변수 maker에 대입하는 의미이다.

클래스를 선언하였으니 이제 객체를 생성해 보자. 앞서 말했듯이 클래스는 개념을 나타내는 템플리트일 뿐이므로 이를 가지고 작업을 할 수가 없다. 반드시 객체를 생성하여 작업을 해야 한다. 객체는 아래처럼 클래스 이름에 괄호를 붙여서 만든다. 아래는 각각 myCar, yourCar라는 이름을 가진 2개의 객체를 생성하였다.

```
class Car :
    maker = ""
    color = ""
    year = 0

    def setMaker(self, maker) :
        self.maker = maker
    def getMaker(self) :
```

```
        return self.maker

myCar = Car()
yourCar = Car()
```

코드 9-2 객체 생성하기

나의 차가 그의 차와 메이커가 다르고 색상 및 연식, 가격이 다를 것이므로 이와 같은 속성 정보를 객체에 적용할 수 있다. 인스턴스 변수에 접근할 때에는 객체 뒤에 점(dot)을 붙이고 인스턴스 변수를 쓰며 대입연산자를 통해 값을 설정할 수 있다.

```
# 코드 9-2 부분은 생략함

myCar.maker = "H-motors"
myCar.color = "blue"
myCar.year = 2020
```

코드 9-3 객체의 속성 설정하기

```
yourCar.maker = "K-vehicle"
yourCar.color = "silver"
yourCar.year = 2019

print(myCar.maker, myCar.color, myCar.year)
```

코드 9-4 객체의 속성 설정하기(계속)

위와 같이 인스턴스 변수에 직접 접근하는 방법은 소프트웨어 엔지니어링 관점에서 좋은 방법이 아니다. 대신에 클래스에는 변수에 접근하는 메서드를 만들어 주는데 코드 9-2에서 선언한 setMaker() 메서드와 getMaker() 메서드처럼 선언해 주는 방법이 좋은 방법이다. 위의 코드 9-2에서 선언한 Car 클래스를 다음과 같이 메서드를 추가하여 더욱 완벽하게 만들면 객체를 편리하고 안전하게 다룰 수 있다.

```
class Car :
   maker = ""
   color = ""
   year = 0

   def setMaker(self, maker) :
       self.maker = maker

   def setColor(self, color) :
       self.color = color

   def setYear(self, year) :
       self.year = year

   def getMaker(self) :
       return self.maker

   def getColor(self) :
       return self.color

   def getYear(self) :
       return self.year
```

코드 9-5 객체의 변수를 다루는 메서드 정의

이제 위에서 정의한 메서드를 호출해서 실행해 보자.

```
# 코드 9-5 생략

car1 = Car()
car2 = Car()

car1.setMaker("H-motors")
car1.setColor("white")
car1.setYear(2018)

print( car1.getMaker() ) # 'H-motors'
print( car1.getColor() ) # 'white'
```

```
print( car1.getYear() ) # 2018
```

코드 9-7 객체의 메서드 호출

9.1.2 클래스 생성자(Constructor)

클래스 생성자(constructor)는 인스턴스를 생성할 때 호출되는 메서드이다. 코드 9-6을 보면 객체를 생성하고 인스턴스 변수의 값을 지정해 주는 2단계로 작업을 진행한다. 이와 같은 방식이 아니라 객체를 생성할 때 미리 변수의 값을 지정해 주는 방법이 있다면 코드가 훨씬 간결하고 보기가 수월해 질 것이다. 이렇게 객체를 생성할 때 변수값도 설정해 주는 것이 바로 생성자의 역할이다.

```
class Car :
    # 변수 및 메서드 생략 (코드 9-5 참조)
    def __init__(self, maker, color, year):
        self.maker = maker
        self.color = color
        self.year = year

car1 = Car("H-motors", "white", 2018)
car2 = Car("H-motors", "silver", 2020)
```

코드 9-8 생성자 정의하기

위 코드를 보면 객체를 생성할 때 변수의 값을 지정해 주므로 코드가 간결해진 것을 볼 수가 있다.

9.1.3 클래스의 상속(Inheritance)

클래스의 상속(Inheritance)은 기존의 클래스에서 변수와 메소드를 그대로 물려 받아서 새로운 클래스를 만드는 것이다 이때 기존의 클래스를 부모 클래스 또는 수퍼 클래스라고 부르고, 상속받는 클래스를 자식 클래스 또는 서브 클래스라고 부른다. 자식클래스는 부모의 모든 변수와 메소드를 상속받기 때문에 공통된 속성은 부모클래스에 정의하고, 자식클래스에서는 더욱 세분화하여 클래스를 작성할 수 있다.

앞에서 정의한 Car 클래스를 예를 들면 승용차를 나타내는 Sedan 클래스와 트럭을 나타내는 Truck 클래스를 Car 클래스에서 상속을 받아 정의할 수 있다. 이때 Sedan 클래스와 Truck 클래스에 공통된 속성인 메이커, 색상, 연식 등은 부모클래스인 Car 클래스에 정의하여 상속을 받고, Sedan 클래스 안에는 승차인원, 스피드 등과 같은 승용차에만 적용되는 속성을 정의하고, Truck 클래스에도 트럭에만 적용되는 짐신는 용량, 광폭 등의 속성을 정의하는 식이다. 상속을 통해 클래스를 만드는 문법은 다음과 같다.

```
class 자식클래스(부모클래스) :
    # 블록 안의 관련 명령문
```

Sedan 클래스와 Truck 클래스를 Car클래스에서 상속을 받아 아래와 같이 정의할 수 있다.

```
class Car :
   # 변수 및 메서드 생략 (코드 9-5 참조)

class Sedan(Car) :
   numPersons = 0
   speed = 0
   def __init__ (self, numPersons, speed) :
      self.numPersons = numPersons
      self.speed = speed

class Truck(Car) :
   cargo = 0
   width = 0

sedan = Sedan(5, 140)
truck = Truck( )
sedan.setMaker("H-motors")
print(sedan.maker) # 'H-motors'
```

코드 9-9 상속으로 자식 클래스 정의하기

Sedan 클래스를 정의하고 생성자 메시드 __init__()을 추가했으므로 객체 sedan을 생성할 때 numPersons과 speep 속성에 대해 초기값을 각각 5와 140으로 지정해 줄 수 있다.

Truck 클래스에는 생성자 메서드를 만들지 않았으므로 초기값이 없이 truck 객체를 생성하였다. Sedan 클래스 내부를 보면 변수 maker도 없고 메서드 setMaker()도 없는데 sedan 객체에 sedan.setMaker("H−motors") 메서드를 실행하여도 오류가 발생하지 않는다. 그 이유는 Sedan 클래스의 객체는 Car 클래스 내의 모든 변수와 메서드를 상속받기 때문이다.

그런데 위와 같이 setMaker() 메서드를 따로 사용하지 않고, 객체를 생성할 때 모든 속성에 대해 초기값을 지정해주는 방법이 있을까? 그렇게 하려면 다음과 같이 생성자 메서드를 변경해주면 된다. 자식 클래스에서 부모 클래스의 변수나 메서드를 참조하려면 super()를 붙여서 super().maker, super.__init__() 처럼 쓴다.

```
class Car :
   # 변수 및 메서드 생략 (코드 9-5 참조)

class Sedan(Car) :
   numPersons = 0
   speed = 0

   def __init__ (self, maker, color, year, numPersons, speed) :
      super().__init__(maker, color, year)
      self.numPersons = numPersons
      self.speed = speed

sedan = Sedan("H-moters", "white", 2020, 5, 140)
print(sedan.maker) # 'H-motors'
```

코드 9−10 상속으로 자식 클래스 정의하기

9.2 모듈의 개념

수 많은 프로그래머가 비슷한 기능을 하는 코드를 각자 작성한다고 생각해보자. 그렇다면 코드마다 성능 및 효율성도 다르고 시간의 낭비도 엄청날 것이다. 따라서 다른 프로그래머가 개발한 코드나 자신의 코드를 재사용할 수 있다면 많은 장점이 있을 것이다. 이를 가능하게 하는 것이 바로 거의 모든 프로그램 언어에서 제공하는 표준 라이브러리이다. 파이썬은 표준 라이브러리에 해당하는 표준 모듈 외에 사용자가 정의하여 사용할 수 있는 사용자정의 모듈도 지원한다.

우리는 앞에서 random과 같은 표준 모듈을 사용했었다. 그러면 파이썬에서 제공하는 표준 모듈 중에서 자주 사용하는 sys 모듈, os 모듈, random 모듈, math 모듈에 대해 알아보자. 각 모듈을 사용할 때는 먼저 import 명령으로 모듈을 불러와야 한다.

9.1.1 sys 모듈

sys 모듈은 컴퓨터 환경이나 프로그램 실행에 관련된 정보를 다룰 때 사용하는 함수나 변수를 포함하고 있다. 먼저 다음과 같이 입력하여 사용하고 있는 파이썬의 버전을 확인해 보자.

```
>>> import sys
>>> print(sys.version)
3.9.5 (tags/v3.9.5:0a7dcbd, May 3 2021, 17:27:52)
```

파이썬이 실행되는 컴퓨터의 운영체제를 확인할 수도 있다. major의 값이 10이므로 윈도우 10 버전에서 실행되고 있음을 알 수 있다.

```
>>> import sys
>>> print(sys.getwindowsversion())
sys.getwindowsversion(major=10, minor=0, build=18363, platform=2,
service_pack='')
```

파이썬이 설치된 경로는 prefix변수에 저장되어 있으므로 이를 출력해 보자.

```
>>> import sys
>>> print(sys.prefix)
C:\Users\Administrator\AppData\Local\Programs\Python\Python39
```

sys 모듈에서 사용할 수 있는 함수와 변수는 어떤 것이 있는지 확인하려면 다음과 같이 dir() 함수를 이용하면 된다.

```
>>> import sys
>>> print(dir(sys))
['__breakpointhook__', '__displayhook__', '__doc__',
```

```
'__excepthook__', '__interactivehook__', '__loader__', '__name__',
'__package__', '__spec__', '__stderr__', '__stdin__',
'__stdout__', '__unraisablehook__', '_base_executable',
'_clear_type_cache', '_current_frames', '_debugmallocstats',
'setrecursionlimit', 'setswitchinterval', 'settrace', 'stderr',
...
'stdin', 'stdout', 'thread_info', 'unraisablehook', 'version',
'version_info', 'warnoptions', 'winver']
```

dir() 함수의 인수에 객체나 모듈 이름을 지정하면 그 객체와 모듈에서 사용할 수 있는 함수(메서드)와 변수를 확인 할 수 있다. 리스트에 대해서 사용할 수 있는 함수가 무엇이 있는지 다음과 같이 리스트를 하나 만들고 dir() 함수에 인수로 넘겨서 확인해 보자.

```
>>> lst = [3, 7, 2]
>>> print(dir(lst))
['__add__', '__class__', '__class_getitem__', '__contains__',
...
'append', 'clear', 'copy', 'count', 'extend', 'index', 'insert',
'pop', 'remove', 'reverse', 'sort']
```

불러와야 한다.

9.1.2 os 모듈

os 모듈은 운영체제에 관련된 명령어를 파이썬 프로그램 안에서 직접 실행할 수 있도록 해준다. 예를 들면, 디렉토리 정보를 가져 올 수 있고, 명령 프롬프트에서 프로그램을 실행하는 것처럼 다른 프로그램을 실행시킬 수도 있으며, 시스템 명령어도 실행시킬 수 있다.

다음과 같이 os 모듈의 getcwd() 함수로 현재 파이썬 프로그램이 실행되는 경로를 확인할 수 있다. 참고로 cwd는 '현재 작업 중인 디렉토리'라는 의미인 current working directory의 약어이다.

```
>>> import os
>>> os.getcwd()
'C:\\Users\\Administrator\\Programs\\Python\\Python39'
```

새로운 폴더를 만들 때는 mkdir() 함수를 사용한다. 다음과 같이 현재 디렉토리 아래에 mytemp 디렉토리를 생성할 수 있다. 현재 디렉토리 안의 내용을 확인할 때는 listdir() 함수를 사용한다.

```
>>> import os
>>> os.mkdir('mytemp')
>>> os.listdir()
[... 'mytemp', 'vcruntime140.dll', 'vcruntime140_1.dll']
```

다른 디렉토리(폴더)로 이동할 때는 chdir() 함수를 사용한다.

```
>>> import os
>>> os.chdir('mytemp')
>>> os.getcwd()
'C:\\Users\\Administrator\\AppData\\Local\\Programs\\Python\\Python39\\mytemp'
```

system() 함수를 이용하면 명령 프롬프트에서 사용 가능한 명령어를 직접 실행할 수 있다. system() 함수를 이용하여 파일을 복사해보자.

```
>>> import os
>>> os.chdir('..')
>>> os.system('copy NEWS.txt NEWS2.txt')
>>> os.listdir()
['COPYING', 'DLLs', 'Doc', 'include', 'Lib', 'libs',
'LICENSE.txt', 'mytemp', 'NEWS.txt', 'NEWS2.txt', 'python.exe',
'python3.dll', 'python39.dll', 'pythonw.exe', 'Scripts', 'share',
'tcl', 'Tools', 'vcruntime140.dll', 'vcruntime140_1.dll']
```

9.1.3 random 모듈

random 모듈은 랜덤 넘버를 생성하는 함수를 제공한다. 특히 randint() 함수는 일정한 범위 내의 랜덤 정수를 생성하고, random() 함수는 0부터 1사이의 랜덤 실수를 생성하며, randrange() 함수는 randint() 함수와 마찬가지로 정수를 생성하지만 범위를 지정하는 방법이 약간 다르다. randint() 함수는 시작값과 끝값의 범위를 지정하여 randint(시작값, 끝값)과 같은 형식으로 인수를 지정해 주는데 끝값이 범위에 포함된다. 아래 코드는 1부터 6까지의 범위에서 랜덤 넘버 하나를 생성하는 것을 보여준다.

```
>>> import random
>>> num = random.randint(1,6)
>>> print(num)
5
```

randrange() 함수는 시작값과 끝값의 범위를 지정할 때 끝값은 범위에 포함되지 않는다.

위와 같이 1부터 6까지의 범위 안에서 랜덤 넘버를 생성하려면 다음과 같이 끝값을 지정해 줘야 한다.

```
>>> import random
>>> num = random.randrange(1,7) # 7은 범위에 포함하지 않음
>>> print(num)
3
```

random() 함수는 0부터 1사이의 랜덤 실수를 생성한다.

```
>>> import random
>>> num = random.random()
>>> print(num)
0.9570998495684017
```

9.1.4 math 모듈

math모듈은 수학과 관련된 함수를 포함하며 dir(math)로 확인할 수 있다.

```
>>> import math
>>> dir(math)
[... 'ceil', 'comb', 'copysign', 'cos', 'cosh', 'degrees', 'dist',
'e', 'nextafter', 'perm', 'pi', 'pow', 'prod', 'radians',
'remainder', 'sin', 'sinh', 'sqrt', 'tan', 'tanh', 'tau', ... ]
```

연습문제

1. 아래 Fruit 클래스를 상속 받아서 Apple 클래스를 정의하는 문장을 쓰시오.

```
class Fruit() :
    def __init__(self, color) :
        self.color = color
```

2. 다음은 Car 클래스에서 상속을 받아 Bus 클래스를 정의하는 코드이다. Bus 클래스의 생성자 __init__ 메서드 안에서 Car 클래스의 생성자 함수를 호출하는 코드를 작성하시오.

```
class Car:
    def __init__(self, model, color, year) :
        self.model = model
        self.color = color
        self.year = year

class Bus(Car) :
    def __init__(self, model, color, year, price) :
        (가) __________________
        self.price = price
```

3. 다음과 같이 클래스를 작성하시오.
   1) Shape 클래스를 정의하시오.
   2) Shape 클래스의 생성자는 인수 color를 가지고 초기화하시오.
   3) Shape 클래스로 부터 상속을 받아 Circle 클래스를 정의하시오.
   4) Circle 클래스의 생성자는 2개의 인수 color, radius를 가지고 초기화하되 color는 부모 클래스인 Shape 클래스의 생성자를 호출하여 지정하시오.
4. 문자열에서 사용할 수 있는 함수와 변수에 무엇이 있는지 dir() 함수로 출력하시오.
5. os 모듈을 import 한 후에 다음과 같은 작업을 수행하시오.
   1) 현재 디렉토리가 무엇인지를 확인한다.
   2) 새로운 디렉토리 'newfolder'를 생성한다.
   3) 현재 디렉토리의 내용을 출력한다.

6. random 모듈을 import 한 후에 다음과 같은 작업을 수행하시오.
   1) 빈 리스트 numlist를 선언한다.
   2) for 반복문을 50번 반복하여 1부터 10 사이의 랜덤 정수를 50개 생성하여 numlist에 append() 함수를 사용하여 추가한다.
   3) numlist를 출력한다.
7. math 모듈을 import 한 후에 다음과 같은 작업을 수행하시오.
   1) 빈 리스트 sqrlist를 선언한다.
   2) for 반복문을 사용하여 1부터 10까지의 정수의 제곱근을 sqrlist에 추가한다. 제곱근은 sqrt() 함수를 사용하고 추가할 때는 append() 함수를 사용한다.
   3) sqrlist를 출력한다.

제10장
주요 라이브러리

파이썬이 현재 대표적인 언어로 자리 잡게 된 이유는 범용프로그래밍 언어의 장점과 대화식 스크립트 언어 (Script language)의 편리함을 모두 갖추었기 때문이다. 파이썬은 기계학습, 데이터과학, 이미지처리, 자연어처리 등의 분야를 연구하는데 필요한 라이브러리를 제공한다. 이번 장에서는 데이터를 분석하고 도표로 나타내는 라이브러리 중에서 앞으로 필요할 numpy, matplotlib, pandas, scikit-learn 등에 대해 학습한다. 이들 라이브러리는 모두 Anaconda를 설치하면 자동으로 설치된다. 참고로 라이브러리는 일반 프로그래밍 언어에서 사용하는 개념으로서 파이썬에서는 특별히 패키지라는 용어를 사용하여 라이브러리를 나타낸다.

10.1 numpy

numpy는 파이썬으로 과학적인 계산을 하기 위해 반드시 필요한 라이브러리이다. 파이썬의 리스트만을 가지고 과학계산을 반복적으로 하는 것은 너무도 힘든 작업일 수 밖에 없다. 따라서 numpy를 사용하면 리스트를 사용하지 않고 데이터를 처리 할 수 있는데, numpy가 제공하는 여러 기능 중에서 다차원 배열을 위한 기능과 벡터와 행렬 을 다루는 선형대수 연산은 가장 유용한 기능이라고 할 수 있다. 기계학습을 위한 작업에 유용한 scikit-learn이나 딥러닝을 위한 유용한 패키지인 tensorflow에서 기본 데이터 구조로 numpy의 배열을 사용할 정도로 numpy의 위상은 특별하다.

아나콘다에는 numpy가 기본적으로 설치가 되지만 아나콘다 내비게이터에서 확인하여 설치가 되지 않았다면 체크박스에 체크를 한 후에 Apply버튼을 눌러 설치를 할 수 있다.

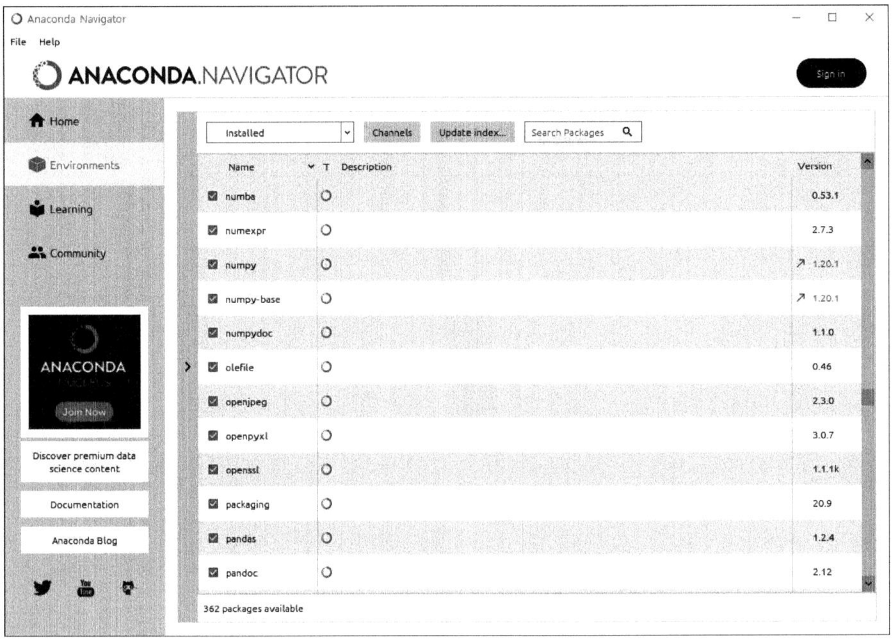

그림 10-1 아나콘다 내비게이터에서 설치된 패키지 확인하기

10.1.1 numpy의 배열 만들기

numpy를 사용하려면 먼저 import문을 사용하여 프로그램에 패키지를 가져와야한다. 아래 코드는 nlist라는 이름의 리스트를 numpy의 배열(Array)로 변환하여 평균을 구하는 예를 보여 준다.

```
>>> import numpy as np
>>> nlist = [1, 2, 3]
>>> ar = np.array( nlist )
>>> print( ar.mean() )
2.0
```

위의 코드처럼 import문을 시행할 때는 보통 numpy 대신에 np라는 단축어를 사용하여 가져온다. numpy는 리스트를 직접 다룰 수 없고 먼저 배열로 변환한 후에 작업을 할 수 있다. 따라서 다음 코드는 리스트에 mean() 함수를 직접 적용하였으므로 오류가 발생한다.

```
>>> import numpy as np
>>> nlist = [1, 2, 3]
>>> print( nlist.mean() )
error!
```

위의 코드는 이미 값이 들어 있는 리스트를 배열로 변환하는 예를 보여 주었는데, 배열을 생성할 때 zeros() 라는 메쏘드를 사용할 수도 있다. 아래 코드는 5개의 0의 값으로 구성된 1차원 배열을 생성하는 예이다.

```
>>> ar = np.zeros(5)
>>> print( ar )
[0. 0. 0.]
```

모두 0으로 구성된 2차원 배열을 생성할 때는 두 개의 숫자로 구성된 리스트로서 행(row)의 개수와 열(column)의 개수를 나타낸다. 아래 코드는 항목값이 모두 0인 3x2 배열을 생성하는 예이다.

```
>>> ar2 = np.zeros( [2,3] )
>>> print( ar2 )
[[0. 0. 0.]
 [0. 0. 0.]]
```

때로는 배열의 차원과 모양을 확인해야 할 필요가 있다. 이 때 다음과 같은 shape 속성(attribute)을 출력하면 배열의 차원과 모양을 알 수 있다. 아래 경우에는 행이 2개이고 열이 3개인 2차원 배열임을 확인할 수 있다. 여기서 주의할 점이 있는데 shape는 속성이므로 메쏘드와 같이 괄호를 붙이면 안 된다는 점이다.

```
>>> ar2 = np.zeros( [2,3] )
>>> print( ar2.shape )
(2, 3)
```

모든 항목이 1인 배열을 만들려면 다음과 같이 ones() 메소드를 사용하면 된다.

```
>>> ar2 = np.ones( [2,3] )
>>> print( ar2 )
[[1. 1. 1.]
 [1. 1. 1.]]
```

앞에서 잠시 살펴보았지만 numpy 배열을 만들 때 array() 메소드의 인자에 리스트 형식을 사용해야 한다는 점에 주의해야 한다. 즉 아래 코드에서 ar 배열은 array()의 인자가 리스트로 주어지므로 성공적으로 만들어지지만 ar2의 경우에는 array()의 인자가 리스트가 아니므로 오류가 발생한다.

```
>>> ar = np.array( [1,2,3] )   # 배열 생성 성공
>>> ar2 = np.array( 1,2,3 )    # 오류 발생!
```

때로는 이미 만들어진 배열의 차원과 모양을 바꿀 필요가 있다. 예를 들어 1차원 배열을 2차원 배열로 변환하거나 반대로 2차원 배열을 1차원 배열로 변환하는 작업이 필요할 때가 있다. 이런 경우에는 reshape() 메소드를 사용하여 변환할 수 있다. 아래 코드는 6개의 항목으로 구성된 1차원 배열을 2개의 행과 3개의 열로 구성된 2차원 배열로 변환하는 예이다.

```
>>> ar = np.array( [1, 1, 1, 0, 0, 0] )
>>> ar2 = ar.reshape( [2,3] )
>>> print( ar2 )
[[1 1 1]
 [0 0 0]]
```

10.1.2 numpy의 배열 원소 접근하기

numpy의 원소를 읽거나 값을 수정하려면 원소에 접근을 해야 한다. 1차원 배열은 인덱스가 0부터 시작한다. 원소는 array_name[index]와 같은 형식으로 접근할 수 있다. 아래는 1차원 배열을 읽고 수정하는 예이다.

```
>>> ar = np.array( [1,2,3] )
>>> print(ar[0])     # 0번 인덱스의 원소를 읽고 출력하기
```

```
>>> ar[1] = -7        # 1번 인덱스의 원소의 값을 수정하기
>>> print(ar)         # 배열을 출력하기
[1, -7, 3]
```

2차원 배열의 원소는 array_name[row_index][column_index]와 같은 형식으로 접근할 수 있다. 두 번째의 컬럼 인덱스를 생략하고 array_name[row_index]와 같은 형식을 쓰면 해당하는 행 전체를 나타낸다. 다음은 2차원 배열에 접근하는 예를 나타낸다.

```
>>> ar2 = np.array( [[1,2,3], [4,5,6]] )
>>> print(ar2)
[[1,2,3]
 [4,5,6]]

>>> print(ar2[0][1])    # 0번 행, 1번 열의 원소를 출력하기
2
>>> ar2[1][2] = 9        # 1번 행, 2번 열의 원소의 값을 수정하기
>>> print(ar2)           # 배열을 출력하기
[[1,2,3]
 [4,5,9]]

>>> print(ar2[1])        # 1번 행 모두 출력하기
[4,5,9]
```

리스트를 학습할 때 익혔던 슬라이싱(slicing)을 numpy의 배열에도 적용할 수 있다. 먼저 1차원 배열에 슬라이스를 적용해 보자.

```
>>> ar = np.array( [1,2,3,4,5] )
>>> print(ar[0:3])  # 0번 부터 2번 인덱스의 원소를 출력하기
[1,2,3]

>>> print(ar[3:])   # 3번부터 마지막 인덱스까지의 원소를 출력하기
[4,5]
```

2차원 배열의 슬라이스는 위에서 행 전체를 나타낼 때 실행한 것처럼 할 수 있다. 열 전체를 나타낼 때는 다음과 같이 슬라이스를 사용한다.

```
>>> ar2 = np.array( [[1,2,3], [4,5,6]] )
>>> print(ar2)
[[1,2,3]
 [4,5,6]]

>>> print(ar2[:, 2])    # 2번 열의 원소를 모두 출력하기
[3, 6]
```

10.1.3 numpy의 연산

numpy의 수학적인 연산은 배열에 직접 적용할 수 있으므로 편리하다. 파이썬의 리스트의 항목들의 제곱을 구하려면 for 반복문을 사용하여 각 항목에 대해 제곱을 구해야 한다. 그러나 numpy를 사용하면 배열에 직접 제곱 연산을 적용할 수 있다. 아래는 배열에 제곱 연산과 제곱근 연산을 시행한 예를 보여 준다. 제곱근을 구하는 sqrt() 함수는 numpy에서 제공하는 함수이다.

```
>>> ar = np.array( [2, 3, 4] )
>>> print(ar ** 2)  # 배열에 제곱 연산을 적용
[4 9 16]

>>> ar = np.array( [4, 25, 9] )
>>> print(np.sqrt(ar))  # 배열에 제곱근 연산을 적용
[2. 5. 3.]
```

앞에서 우리는 range(n) 함수가 0부터 n−1까지의 정수를 생성한다는 것을 배웠다. numpy에서는 이와 비슷한 함수로 arange() 함수를 제공한다. 아래는 0부터 9까지의 정수를 원소를 가진 배열을 생성하는 예를 보여 준다.

```
>>> ar = np.arange( 10 )
>>> print(ar)
[0 1 2 3 4 5 6 7 8 9]
```

일반적인 경우에 우리가 접하는 데이터는 벡터 또는 행렬의 형태로 나타낸다. 따라서 numpy에서도 벡터 및 행렬 연산은 아주 중요한 위치를 차지한다. 파이썬에서 기본적으로 제공하는 리스트만을 이용하면 벡터 및 행렬 연산하기가 무척 어렵다. 아래 코드는 두 개의 1차원 배열, 즉 벡터의 합과 곱을 구하는 연산을 보여준다.

```
>>> x = np.array( [2, 3, 4] )
>>> y = np.array( [1, 2, 3] )
>>> a = x + y       # 1차원 배열(벡터)의 합
>>> print(a)
[3 5 7]

>>> p = x * y       # 1차원 배열(벡터)의 곱
>>> print(p)
[2 6 12]
```

위의 예는 두 벡터의 곱을 인덱스가 같은 원소끼리 곱한 값을 원소로 하는 벡터를 생성한다. 그런데 두 벡터 사이에 내적(inner product, dot product)은 결과 값이 벡터가 아니라 스칼라 값이 된다. 벡터 a = [a_1, a_2, …, a_n]와 벡터 b = [b_1, b_2, …, b_n]의 내적은 스칼라 값인 a_1*b_1 + a_2*b_2 + … a_n*b_n이다. numpy에서 제공하는 dot() 함수를 이용하면 두 벡터의 내적을 구할 수 있다.

```
>>> x = np.array( [2, 3, 4] )
>>> y = np.array( [1, 2, 3] )
>>> c = np.dot(x, y)            # 벡터의 내적: 2*1 + 3*2 + 4*3
>>> print(c)
20
```

벡터에 스칼라를 곱하면 그 결과는 벡터의 각 원소에 스칼라 값을 곱하여 만든 벡터가 된다. 이와 같은 연산을 numpy를 이용하여 다음과 같이 할 수 있다.

```
>>> x = np.array( [2, 3, 4] )
>>> data = 3 * x                # [3*2, 3*3, 3*4]
>>> print(data)
[6 9 12]
```

그러면 행렬의 덧셈을 수행해 보자. 행렬의 덧셈은 행과 열의 위치가 서로 대응하는 원소들의 합으로 나타낸다.

```
>>> A = np.array( [[2, 3, 4], [1, 1, 1]] )
>>> B = np.array( [[2, 2, 2], [1, 1, 1]] )
>>> C = A + B
>>> print(C)
[[4 5 6]
 [2 2 2]]
```

numpy의 등호(=) 연산자를 사용하여 배열을 복사하여 새로운 배열을 만들 때 주의해야 할 점은 복사한 배열의 원소의 값을 수정하면 원본 배열의 원소 값도 수정이 된다는 점이다. 그 이유는 numpy의 배열의 복사는 값만을 복사하는 것이 아니라 주소를 복사하기 때문이다.

아래 코드는 복사한 배열 y의 원소를 수정한 결과 원본 배열 x에도 영향이 있음을 보여준다.

```
>>> x = np.array( [4, 7, 9] )
>>> y = x                    # x를 복사한 새로운 배열 y 생성
>>> y[0] = -4                # 0번째 원소의 값을 –4로 수정
>>> print(y)
[-4 5 6]

>>> print(x)
[-4 5 6]
```

이와 같은 부작용을 막으려면 두 가지 방법이 있다. 첫 번째 방법은 copy 모듈을 import 한 후에 copy() 함수를 사용하는 방법이다.

```
>>> import copy
>>> x = np.array( [4, 7, 9] )
>>> y = copy.copy(x)         # copy 모듈의 copy( ) 함수를 사용하여 복사
>>> y[0] = -4                # 0번째 원소의 값을 –4로 수정
>>> print(y)
[-4 5 6]
```

```
>>> print(x)            # 원본 배열 x에 영향이 없음
[4 5 6]
```

두 번째 방법은 아래와 같이 복사할 때 0을 더하는 방법이다.

```
>>> x = np.array( [4, 7, 9] )
>>> y = x + 0           # x를 복사할 때 0을 더함
>>> y[0] = -4           # 0번째 원소의 값을 -4로 수정
>>> print(y)
[-4 5 6]

>>> print(x)           # 원본 배열 x에 영향이 없음
[4 5 6]
```

난수(random number)는 여러 응용에 매우 유용하기 때문에 numpy에서도 함수를 제공한다.

```
>>> rdata = np.random.randn(2,3)
>>> rdata
array([[-0.86001935, -0.19577006,  0.87195153],
       [ 0.04400369,  0.75770023,  1.33631087]])
```

10.2 pandas

pandas는 데이터를 분석하는 작업에 유용한 자료구조와 관련 도구를 제공하는 라이브러리이다. numpy를 기반으로 작성되었기 때문에 numpy를 사용하는 응용에서 쉽게 사용할 수 있으며 특히 시계열 데이터를 다룰 때 편리하다.

pandas는 시리즈(계열, Series)와 데이터 프레임(Data Frame)이라는 두 가지 데이터 형식을 제공한다.

10.2.1 시리즈(Series) 데이터 형식

시리즈 형식은 객체를 담을 수 있는 1차원 배열과 같은 구조이다. 여러 개의 행(row)과 하나의 열(column)의 구조를 가지며 인덱스를 사용하여 항목에 접근할 수 있다.

아래 코드는 3개의 객체를 가진 시리즈를 생성하는 것이다. 출력을 보면 첫 열에 인덱스가 지정된 것을 볼 수 있다.

```
>>> import pandas as pd
>>> data = pd.Series([2,5,3])
>>> data
0    2
1    5
2    3
dtype: int64
```

시리즈의 데이터와 인덱스는 각각 values와 index 속성을 통해 구할 수 있다.

```
>>> data = pd.Series([2,5,3])
>>> data.values
array([2, 5, 3], dtype=int64)

>>> data.index
RangeIndex(start=0, stop=3, step=1)
```

위의 경우에는 pandas가 인덱스를 자동으로 지정하였으나 사용자가 임의로 만들 수 있다. 즉, 정수뿐만 아니라 문자열 같은 키를 사용하여 인덱스를 지정할 수 있다.

```
>>> f = pd.Series([3,5,2], index=['apple', 'pear', 'orange'])
>>> f
apple     3
pear      5
orange    2
dtype: int64

>>> f.index
Index(['apple', 'pear', 'orange'], dtype='object')
```

시리즈의 값을 읽거나 수정하려고 접근할 때는 인덱스를 이용한다.

```
>>> f = pd.Series([3,5,2], index=['apple', 'pear', 'orange'])
>>> f['apple']
2
>>> f['apple'] = 1
>>> f['apple']
1
```

시리즈에 numpy 배열 연산을 수행할 수 있다. 아래 코드는 불린 배열을 사용하여 음수를 걸러내고 양수만을 구하는 것과 배열 값에 2배를 한 결과를 보여 준다.

```
>>> d = pd.Series([2,5,-3])
>>> d[d>0]
0    2
1    5
dtype: int64

>>> 2*d
0     4
1    10
2    -6
dtype: int64
```

여러개의 시리즈에 대해 연산을 수행할 수도 있다. 아래는 두 시리즈의 값을 더하는 예로서 인덱스별로 값이 더해지는 것을 볼 수 있다.

```
>>> f1 = pd.Series([3,5,2], index=['apple', 'pear', 'orange'])
>>> f2 = pd.Series([1,3,7], index=['apple', 'pear', 'orange'])
>>> f1 + f2
apple     4
pear     10
orange    9
dtype: int64
```

만일 공통된 인덱스가 없을 경우에는 NaN으로 표시된다.

```
>>> f1 = pd.Series([3,5,2], index=['apple', 'pear', 'orange'])
>>> f2 = pd.Series([1,3,7], index=['apple', 'pear', 'banana'])
>>> f1 + f2
apple      4.0
banana     NaN
orange     NaN
pear      10.0
dtype: float64
```

시리즈는 임의의 키로 된 인덱스에 배열 값을 연결시킨 구조이므로 파이썬의 딕셔너리와 같은 구조라고 볼 수 있다. 아래는 파이썬 딕셔너리에 저장된 데이터에서 시리즈 객체를 만들 수 있음을 보여 준다.

```
>>> dic = {'cat':3, 'dog':2, 'horse':5, 'cow':1 }
>>> sdata = pd.Series(dic)
>>> sdata
cat      3
cow      1
dog      2
horse    5
dtype: int64
```

시리즈는 인덱스를 기준으로 정렬하거나 값을 기준으로 정렬을 할 수 있다.

```
>>> f = pd.Series([3,1,2], index=['apple', 'pear', 'orange'])
>>> sidx = f.sort_index()
>>> sidx
apple     3
orange    2
pear      1
dtype: int64

>>> sval = f.sort_values()
>>> sval
```

```
orange    2
apple     3
pear      1
dtype: int64
```

데이터는 기본적으로 오름차순(ascending order)으로 정렬되지만 인수로 ascending =False를 지정해주면 내림차순으로 정렬을 할 수 있다.

```
>>> f = pd.Series([3,1,2], index=['apple', 'pear', 'orange'])
>>> sidx = f.sort_index(ascending=False)
>>> sidx
pear      1
apple     3
orange    2
dtype: int64

>>> sval = f.sort_values(ascending=False)
>>> sval
apple     3
orange    2
pear      1
dtype: int64
```

시리즈에서 부분 데이터를 참조할 때 슬라이스를 사용할 수 있다.

```
>>> data = pd.Series([1,2,3,4,5,6,7])
>>> sdata = data[3:6]     # 인덱스 3,4,5번 항목
>>> sdata
3    4
4    5
5    6
dtype: int64
```

슬라이싱 출력 결과값에서 인덱스를 보면 0부터 시작하지 않고 3부터 시작하는 것을 볼 수 있다. 이와 같이 pandas의 슬라이싱 연산 결과로 얻은 배열의 인덱스는 파이썬의 리스트에서 다루던 인덱스와 다르게 표시된다는 점에 주의해야 한다.

10.2.2 데이터프레임(Data Frame) 데이터 형식

시리즈가 1차원 배열의 개념이라면 데이터프레임은 2차원 배열의 개념으로서 행(row)과 열(column)을 가진 구조이다. 데이터프레임은 칼럼을 기준으로 구성되어 있는데 각 칼럼은 서로 다른 종류의 값을 가질 수 있다. 아래는 파이썬 딕셔너리로부터 데이터프레임을 만드는 코드이다.

```
>>> data = {'name': ['Tom', 'John', 'Keith'],
            'age': [20, 21, 20],
            'grade': [3.4, 4.2, 3.9] }
>>> frame = pd.DataFrame(data)
>>> frame
   age  grade   name
0   20    3.4    Tom
1   21    4.2   John
2   20    3.9  Keith
```

시리즈와 마찬가지로 인덱스가 자동으로 추가되는 것을 볼 수 있고 딕셔너리의 데이터는 칼럼을 기준으로 정렬된 것을 알 수 있다. 그런데 칼럼의 순서의 우리가 원하는 순서가 아닐 수 있다. 이런 경우에 원하는 순서를 columns 속성에 지정하면 순서를 조정할 수 있다.

```
>>> data = {'name': ['Tom', 'John', 'Keith'],
            'age': [20, 21, 20],
            'grade': [3.4, 4.2, 3.9] }
>>> frame = pd.DataFrame(data, columns=['name', 'age', 'grade'])
>>> frame
    name  age  grade
0    Tom   20    3.4
1   John   21    4.2
2  Keith   20    3.9
```

데이터프레임에서 특정 칼럼만을 가져오려면 딕셔너리 표기법으로 접근하거나 속성 형식으로 접근할 수 있다.

```
>>> data = {'name': ['Tom', 'John', 'Keith'],
            'age': [20, 21, 20],
            'grade': [3.4, 4.2, 3.9] }
>>> frame = pd.DataFrame(data, columns=['name', 'age', 'grade'])
>>> name = frame.name       # 속성 형식으로 접근
>>> name
0      Tom
1     John
2    Keith

>>> name = frame['name']   # 딕셔너리 형식으로 접근
>>> name
0      Tom
1     John
2    Keith
```

리스트를 항목으로 가진 리스트를 이용하여 데이터프레임을 만들 수 있다. 이와 같이 키가 없는 경우에는 행과 칼럼에 모두 인덱스가 자동으로 부여되는 것을 볼 수 있다.

```
>>> data = [ [2,4], [3,9], [4,16], [5,25] ]
>>> frame = pd.DataFrame(data)
>>> frame
   0   1
0  2   4
1  3   9
2  4  16
3  5  25
```

행에 인덱스를 부여하려면 다음과 같이 index 속성을 사용한다.

```
>>> data = [ [2,4], [3,9], [4,16], [5,25] ]
>>> frame = pd.DataFrame(data, index=['1번', '2번', '3번', '4번'])
>>> frame
    0   1
1번  2   4
2번  3   9
```

```
3번  4  16
4번  5  25
```

칼럼에 인덱스를 부여하려면 위에서 보았던 columns 속성을 사용한다.

```
>>> data = [ [2,4], [3,9], [4,16], [5,25] ]
>>> frame = pd.DataFrame(data, index=['1번', '2번', '3번', '4번'],
                                        columns=['A', 'B'])
>>> frame
     A   B
1번  2   4
2번  3   9
3번  4  16
4번  5  25
```

데이터프레임의 특정행을 출력할 때 iloc 메서드를 사용하여 행의 인덱스를 지정한다.

```
>>> data = [ [2,4], [3,9], [4,16], [5,25] ]
>>> frame = pd.DataFrame(data, index=['1번', '2번', '3번', '4번'],
                                        columns=['A', 'B'])
>>> frame.iloc[1]
A    3
B    9
Name: 2번, dtype: int64
```

사용자가 인덱스를 부여한 경우에는 ix 메서드를 사용해도 같은 위와 결과를 얻을 수 있다.

```
>>> data = [ [2,4], [3,9], [4,16], [5,25] ]
>>> frame = pd.DataFrame(data, index=['1번', '2번', '3번', '4번'],
                                        columns=['A', 'B'])
>>> frame.ix['2번']
A    3
B    9
Name: 2번, dtype: int64
```

pandas는 간단한 수학 및 통계 계산을 하는 메서드를 제공하고 있다. 합을 구할 때는 sum 메서드를 사용하고, 평균을 구할 때는 mean 메서드를 사용한다. 이들 메서드는 axis 속성과 함께 사용하는데 칼럼의 합을 구할 때는 axis=0, 행의 합을 구할 때는 axis=1을 지정한다.

```
>>> data = [ [2,4], [3,9], [4,16], [5,25] ]
>>> frame = pd.DataFrame(data)
>>> frame
   0   1
0  2   4
1  3   9
2  4  16
3  5  25

>>> frame.sum(axis=0)   # 칼럼의 합
0    14
1    54
dtype: int64

>>> frame.sum(axis=1)   # 행의 합
0     6
1    12
2    20
3    30
dtype: int64

>>> frame.mean(axis=0)   # 칼럼의 평균
0     3.5
1    13.5
dtype: float64
```

10.2.3 pandas의 데이터형과 형변환

지금까지 실행한 결과의 뒤에는 dtype: int64 또는 dtype: float64 와 같은 데이터형이 표시된 것을 볼 수 있었다. pandas에서 제공하는 여러 데이터형 중에서 대표적인 것은 다음과 같다.

- Objects : 문자 또는 문자열형
- Int64 : 정수형
- Float54 : 실수형

pandas는 데이터형을 변환하는 방법을 제공하는데, 정수형 데이터를 실수형으로 변환하거나, 실수형 데이터를 정수형 데이터로 변환하려면 astype 메서드를 사용한다. 정수형을 실수형 데이터로 변환할 때 인수로 'float'를 지정하고, 실수형 데이터를 정수형으로 변환할 때는 'int'를 지정한다. 다음 코드는 첫 번째 칼럼을 정수형에서 실수형으로 변환하는 것을 보여 준다.

```
>>> data = [ [2,4], [3,9], [4,16], [5,25] ]
>>> frame = pd.DataFrame(data)
>>> frame[0].astype('float')
0    2.0
1    3.0
2    4.0
3    5.0
Name: 0, dtype: float64
```

10.2.4 파일의 읽기와 쓰기

pandas는 외부의 파일을 읽어서 pandas 내부 데이터 형식으로 저장하는 기능을 제공한다. 텍스트 파일로 데이터를 저장할 때 많이 쓰는 엑셀의 csv 형식의 파일이나 일반적인 텍스트를 나타내는 txt 형식파일을 읽을 수 있다.

파일을 읽는 실습을 하기 위해 Notepad++ 같은 에디터를 열고 다음과 같이 쉼표(,)로 구분된 데이터를 입력한 후에 student.csv 파일로 저장하자. 저장하기 전에 '인코딩' 메뉴에서 인코딩이 UTF-8로 설정되었는지 꼭 확인하자.

```
학번,이름,학과,주소
20201401,Kim,전자공학과,서울
20213121,Suh,간호학과,부산
20203412,Nam,영어학과,대전
```

그리고 위의 파일을 pandas를 이용하여 읽는 코드를 다음과 같이 작성한다.

```
>>> student = ps.read_csv('student.csv')
>>> student
```

앞에서 작성한 파일을 읽고 화면에 옳게 출력되는 것을 확인할 수 있다.
데이터프레임을 csv파일로 저장하는 함수는 to_csv() 함수이다.

```
>>> data = [ [2,4], [3,9], [4,16], [5,25] ]
>>> frame = pd.DataFrame(data)
>>> frame.to_csv('data.csv', header='False')
```

10.3 matplot

matplot 라이브러리는 라인 플롯(Line plot), 바 차트(Bar chart), 파이 차트(Pie chart), 산점도(Scatter plot) 등의 다양한 차트를 제공해준다. matplot 자체는 방대한 라이브러리이지만 파이썬을 위한 Pyplot 모듈만을 불러 올 수 있는 장점이 있다. matplot 라이브러리는 스크립트 모드에서나 명령프롬프트에서 실행할 수 있지만 Jupyter notebook을 사용하는 것이 가장 편리하므로 앞으로 Jupyter notebook에서 실행하며 진행할 것이다.

10.3.1 라인 플롯

먼저 Jupyter notebook을 열고 아래 코드를 입력하여 보자. 입력셀과 출력셀은 왼쪽의 번호로 구분이 되며, 셀 안에서 줄을 바꿀 때는 Enter키를 누르고, 각 셀의 코드를 실행하려면 Alt+Enter키를 누른다.

```
In[1]:%matplotlib inline
        import matplotlib.pyplot as plt
In[2]: x = [1,2,3,4,5,6,7]
       y = [12,18,14,22,15,19, 17]
       plt.plot(x,y)
plt.show()
       Out[2]:
```

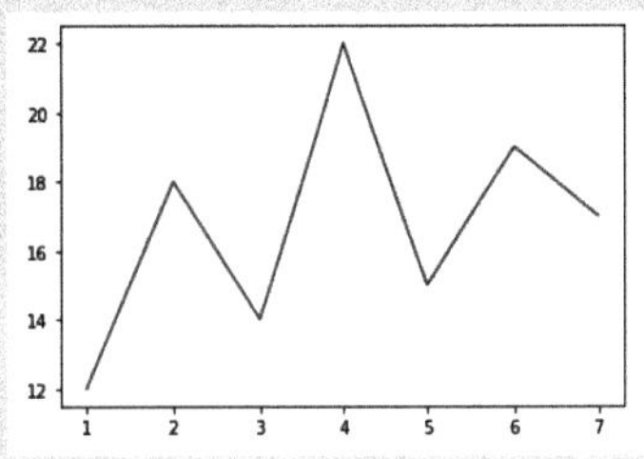

In[1] : matplot 라이브러리에서 Pyplot 모듈을 불러와서 plt라는 이름으로 사용한다고 선언하는 명령이다. 앞으로 이렇게 matplot 라이브러리를 사용할 때마다 모든 코드 앞에서 선언해 주어야 한다.

In[2] : x와 y 두 개의 리스트를 준비하고 plt.plot() 함수를 이용하여 라인 플롯을 그린다. 그리고 plt.show() 함수를 적용하여 화면에 라인 플롯을 출력한다. Jupyter notebook에서 실행하면 plt.show() 함수를 적용하지 않아도 플롯이 출력되지만 명령프롬프트에서 실행하거나 스크립트 모드로 실행하는 경우에는 화면에 출력에 되지 않는데 %matplotlib inline 명령이 브라우저에서 바로 볼 수 있게 해주기 때문이다. 또 여러 개의 플롯을 그릴 경우에 겹칠 수가 있으므로 관습적으로 plt.show() 함수를 적용하는 것이 좋다.

모든 입력을 마치고 Alt+Enter 키를 누르면 Out 셀에 라인 플롯이 출력되는 것을 볼 수 있다. 두 개의 라인 플롯을 동시에 그릴 수도 있다. 위의 In[2] 셀을 선택한 후에 상단 메뉴바에서 "copy selected cells" 아이콘을 누른다. 그 다음에 "paste cells below" 아이콘을 누르면 In[2] 셀의 코드가 모두 복사된 것을 볼 수 있다.

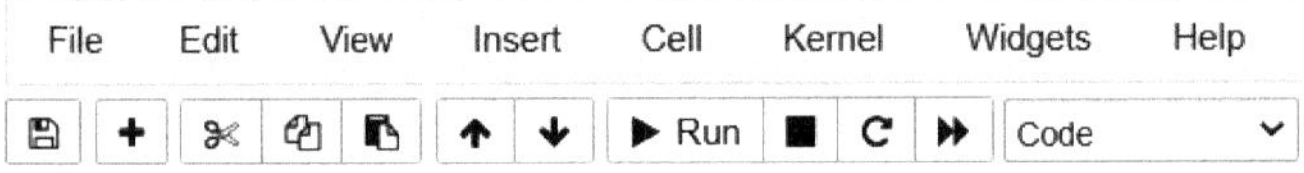

복사된 셀의 두 번째 라인 y리스트 대입문 끝에 커서로 놓고 Enter키를 누르면 새로운 줄이 만들어진다. 두 번째 라인 y리스트 대입문을 드래그하여 선택한 후 Ctrl+C 키로 복사하고 새로 만들어진 줄에 커서를 놓고 Ctrl+V 키를 입력하여 복사를 한다. 그리고 아래 코드와 같이 y1, y2로 수정을 한다. 마찬가지로 plt.plot() 함수에 대해서도 복사를 하고 수정을 한 후에 Ctrl+Enter 또는 Alt+Enter 키를 누른다. 그러면 두 개의 라인플롯이 그려지는 것을 볼 수 있다.

```
In[3]:x = [1,2,3,4,5,6,7]
      y1 = [12,18,14,22,15,19, 17]
      y2 = [32,44,24,52,11,39, 25]
      plt.plot(x,y1)
      plt.plot(x,y2)
      plt.show()
Out[3]:
```

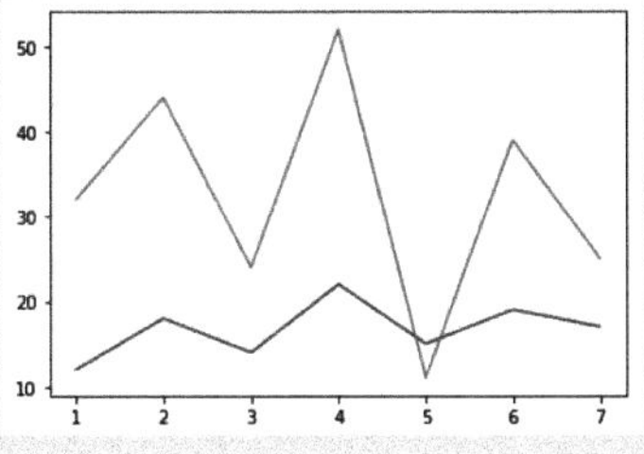

x축과 y축 위에 레이블을 붙이는 함수는 각각 plt.xlabel()과 plt.ylabel()로서 폰트 크기와 굵기도 지정할 수 있다.

```
In[4]:x = ['Sun', 'Mon', 'Tue', 'Wed', 'Thr', 'Fri', 'Sat']
      y = [17.5, 18.3, 18.2, 19.1, 18.8 , 19.2, 17.9]
      plt.plot(x,y)
      plt.xlabel('Week Days', size=12, fontweight='bold')
      plt.ylabel('Temparature', size=12, fontweight='bold')
      plt.show()
Out[4]:
```

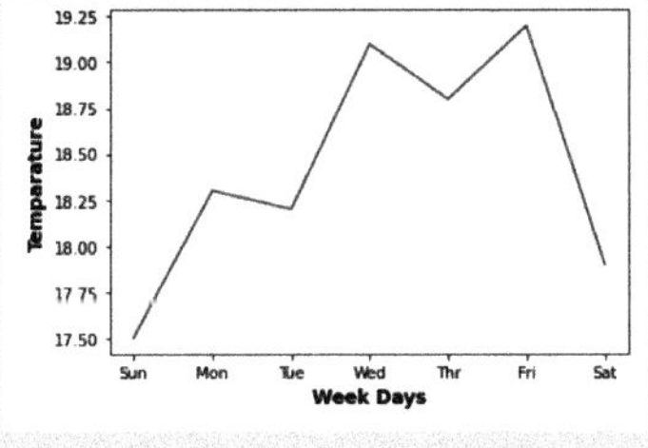

10.3.2 스캐터 플롯 (산점도, Scatter plot)

스캐터 플롯을 이용하면 대량의 데이터의 분포를 한 눈에 볼 수 있는 장점이 있다. 라인 플롯이 x축으로 표현되는 시간상의 변화나 추이를 관찰하는데 유용하다면, 스캐터 플롯은 2차원 공간 상에서 데이터의 분포를 확인하는데 유용하다. 스캐터 플롯을 그리는 함수는 plt.scatter()로서 인수는 x축의 좌표와 y축의 좌표를 지정해 준다.

```
In[5]: x = [1,2,3,4,5,6,7]
       y = [12,18,14,22,15,19, 17]
       plt.scatter(x,y)
       plt.show()
Out[5]:
```

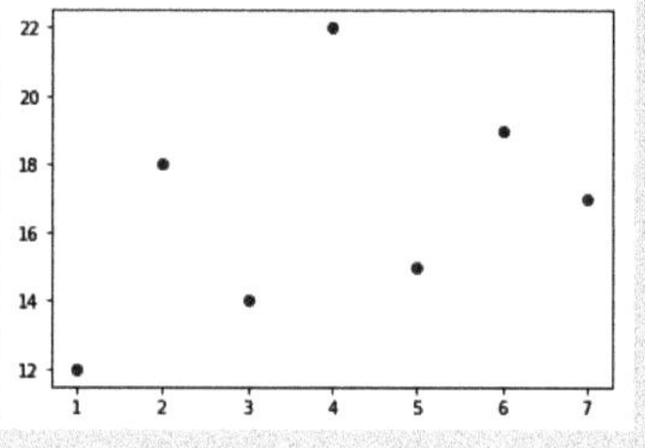

그러면 스캐터 플롯의 유용성을 실제로 확인하기 위하여 다음과 같이 입력을 해보자. scikit−learn 패키지는 아나콘다를 설치할 때 자동적으로 설치가 되니 아나콘다 Navigator의 Environments 메뉴에서 확인을 한 후에 설치가 안 되었으면 설치를 한다.

```
In[6]: from sklearn.datasets import make_blobs
In[7]:coords, feat = make_blobs(centers=3, random_state=20)
In[8]:plt.scatter(coords[:,0], coords[:,1], marker='o', c=feat)
      plt.show()
Out[8]:
```

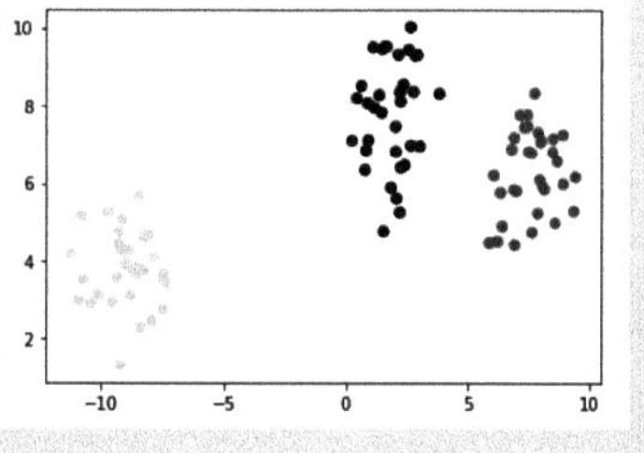

In[6]: scikit−learn 패키지에서 make−blob 모듈을 불러온다. blob은 데이터가 모여 있는 군락을 의미한다. 위의 경우에 3개의 군락이 형성되어 있음을 알 수 있다. make−blob 모듈은 클러스터링과 같은 실험을 할 때 유용한 실험 데이터를 제공한다고 보면 된다.

In[7]: make_blobs() 메서드를 이용하여 3개의 군락을 만든다. random_state의 값이 정수값이면 랜덤 데이터를 다시 재생산할 수 있도록 해준다. 만일 이 값을 지정하지 않으면 다시 똑 같은 랜덤 데이터를 만들 수 없다.

In[8]: 스캐터 플롯을 그린다. marker는 점을 표시하는 기호로서 '+' 또는 'x' 기호 같이 다른 기호로 설정을 할 수 있다.

이와 같이 스캐터 플롯은 공간상에서 데이터가 어떻게 분포되었는지 확인을 할 때 유용하게 사용할 수 있다.

10.3.3 히스토그램, Bar 플롯, 파이 플롯

Mathplot은 numpy에서 작업한 데이터를 플롯하여 출력하는데 사용될 수 있다. 아래 코드는 대량의 데이터의 분포를 히스토그램으로 출력하는 것을 보여준다.

```
In[9]: import numpy as np
In[10]: x = np.random.normal(50, 10, size=1000)
In[11]: plt.hist(x, bins=30)
        plt.show()
Out[11]:
```

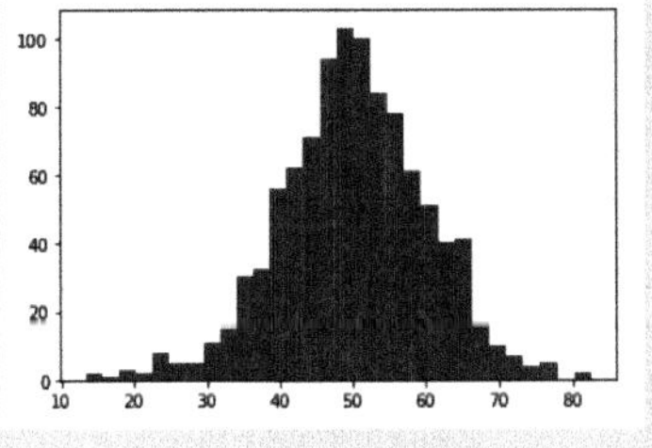

In[9]: numpy에서 제공하는 확률분포 생성함수를 이용하기 위해 import한다.

In[10]: 평균(mean)이 50이고 표준편차가 10인 정규분포를 이루는 데이터를 1000개 생성하여 변수 x에 저장한다. type(x) 명령을 이용하여 x의 데이터형을 구해보면 numpy.ndarray 형으로서 numpy의 배열임을 확인 할 수 있다.

In[11]: 위에서 생성한 1000개 데이터 값의 히스토그램을 구한다. 히스토그램 bin은 30개로 정한다.

출력된 플롯을 보면 평균 50을 중심으로 정규분포가 이루어졌음을 알 수 있다. 이와 같이 numpy의 배열을 직접 matplot의 함수에 적용할 수 있다.

때로는 히스토그램을 확률로 나타내고자 할 경우가 있다. 이럴 경우에는 hist() 함수의 인수에 'densty=True'를 지정해 주면 된다.

```
In[12]: import numpy as np
In[13]: x = np.random.normal(50, 10, size=1000)
In[14]: plt.hist(x, bins=30, density=True)
        plt.show()

Out[14]:
```

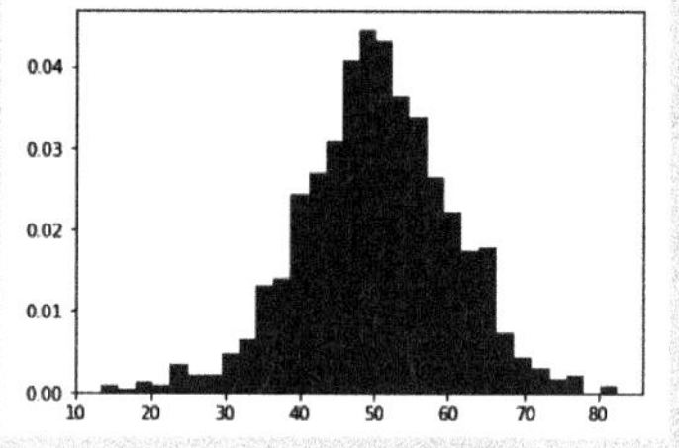

히스토그램과 비슷하지만 의미가 다른 Bar 플롯도 때로는 유용하다. 먼저 matplot에서 제공하는 plt.bar(labels, height) 함수를 이용하여 Bar 플롯을 그려보자. plt.bar() 함수의 인수는 가로방향 축에 labels 데이터를 나타내고, 세로방향 축에 height 데이터를 나타난다.

```
In[15]: year = [2017, 2018, 2019, 2020, 2021]
        amt = [124, 145, 149, 160, 171]
In[16]: plt.bar(year, amt)
        plt.show()
Out[16]:
```

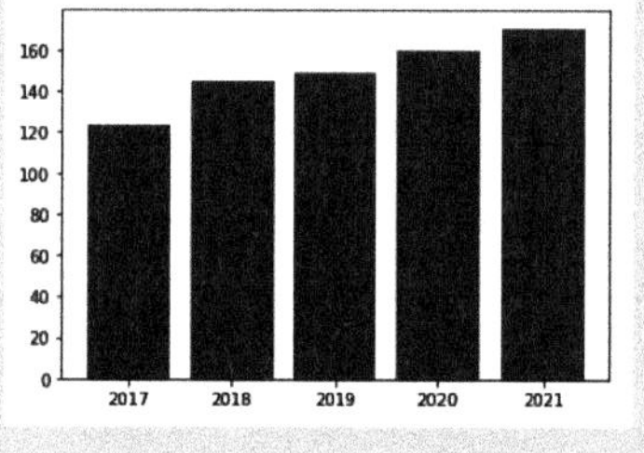

위의 리스트를 pandas의 데이터프레임으로 변환하여 pandas가 제공하는 plot() 함수를 사용해 보자. pandas가 제공하는 plot() 함수는 matplot의 plt.plot() 함수를 기반하

여 만든 wrapper함수이다. 위의 셀을 복사하여 다음과 같이 두 개의 리스트를 딕셔너리 안에 넣은 후에 df라는 데이터프레임을 만든다.

```
In[17]: year = [2017, 2018, 2019, 2020, 2021]
        amt = [124, 145, 149, 160, 171]
        df = pd.DataFrame( {'year': year, 'amt':amt})
In[18]: ax=df.plot(kind='bar', x='year', y='amt')
        ax.set_xticklabels(df['year'])
        plt.show()
Out[18]:
```

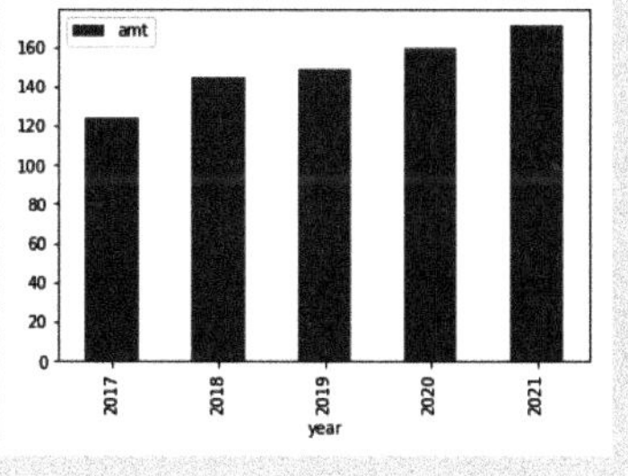

In[18]: plt.plot() 함수를 사용하지 않고 pandas의 plot() 함수를 사용하였다.
위의 데이터를 아래와 같이 파이차트로 표현할 수도 있다.

```
In[19]: year = [2017, 2018, 2019, 2020, 2021]
        amt = [124, 145, 149, 160, 171]
        plt.pie(amt, labels=year)
        plt.show()

Out[19]:
```

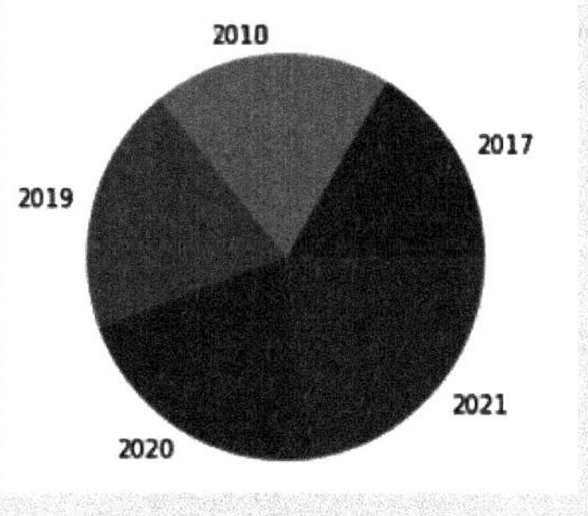

10.4 scikit-learn

scikit-learn 라이브러리는 기계학습을 위해 풍부한 개발도구를 제공하는 오픈소스 라이브러리로서 numpy와 scipy를 기반으로 개발되었다. 현재 기계학습 분야에서 많은 사용자가 이용하며 독보적인 위치를 차지하고 있는 만큼 온라인 튜토리얼과 예제 코드를 제공하고 있다(https://scikit-learn.org/stable/). 특히 기계학습을 공부할 때 유용한 데이터를 제공하고 이를 다운로드 받아 이용할 수 있도록 API를 제공하고 있어서 이를 이용하면 편리하게 실험을 진행할 수 있다. 사이트가 영어로 되어 있지만 한번 둘러 보며 기계학습을 위한 개발도구를 실제로 보는 것도 많은 도움이 될 것이다.

10.4.1 데이터 가져오기

scikit-learn 라이브러리에서 제공하는 데이터 중에서 유명한 붓꽃(Iris) 데이터를 아래와 같이 다운로드해 보자.

```
In[1]: from sklearn.datasets import load_iris
       iris = load_iris()
```

In[1]: scikit-learn 라이브러리는 방대하므로 필요한 모듈만을 import하는 경우가 많다. datasets 모듈을 선언을 하고 load_iris() 메서드를 이용하여 iris 데이터를 가져온다. iris 객체는 파이썬의 딕셔너리와 비슷한 구조로서 키와 값으로 구성되어 있다.

아래와 같이 iris 객체의 키와 값을 확인할 수 있다.

```
In[2]: iris.keys()
Out[2]:
   dict_keys(['data', 'target', 'frame', 'target_names', 'DESCR',
             'feature_names', 'filename'])

In[3]: iris.data
Out[3]:
       array([[5.1, 3.5, 1.4, 0.2],
              [4.9, 3. , 1.4, 0.2],
              [4.7, 3.2, 1.3, 0.2],
              [4.6, 3.1, 1.5, 0.2],
              [5. , 3.6, 1.4, 0.2],  # 이하 생략
```

iris 데이터는 150개의 행과 4개의 열로 구성되어 있다. 각 행은 한 아이리스에 대해 관찰한 값을 나타내며 열은 꽃잎과 꽃받침의 길이와 넓이를 측정한 값을 각각 나타낸다.

```
In[4]: import numpy as np
        np.shape(iris.data)
Out[4]: (150, 4)

In[5]: iris.data.shape
Out[5]: (150, 4)
```

In[4]: 앞에서 numpy의 shape() 메서드로 배열의 모양을 확인 할 수 있음을 배웠다. 따라서 numpy를 import하여 shape() 메서드를 이용할 수 있지만 scikit−learn 객체에는 In[5]와 같이 numpy를 이용하지 않고 객체의 모양을 확인할 수 있다.

10.4.2 데이터 나누기

기계학습을 구현하고 성능을 측정하려면 실험 데이터가 준비되어 있어야 한다. 실험 데이터는 개발한 기계학습 모델을 훈련시키는 훈련 데이터와 모델의 성능을 측정하는 테스트 데이터로 나뉘어 진다. scikit−learn 라이브러리는 이렇게 훈련 데이터와 테스트 데이터를 쉽게 나눌 수 있도록 편리한 API를 제공한다.

먼저, 가상 데이터를 가지고 훈련 데이터와 테스트 데이터를 나누는 방법을 알아보자.

```
In[5]: from sklearn.model_selection import train_test_split
In[6]: X = [[5,2], [4,1], [6,4], [1,7], [5,4],
            [6,2], [1,2], [3,4], [2,2], [4,9]]
       Y = [0,0,0,1,0,1,1,0,1,1]
In[7]: X_train, X_test, Y_train, Y_test =
                       train_test_split(X, Y, test_size=0.4)
In[8]: X_train
Out[8]: [[1, 2], [5, 2], [6, 4], [3, 4], [1, 7], [5, 4]]
In[9]: Y_train
Out[9]: [1, 0, 0, 0, 1, 0]

In[10]: X_test
```

```
Out[10]: [[4, 1], [6, 2], [4, 9], [2, 2]]
In[11]: Y_test
Out[11]: [0, 1, 1, 1]
```

In[5]: scikit-learn의 model_selection모듈을 import하여 훈련 데이터와 테스트 데이터를 나누는 train_test_split 메서드를 사용할 수 있도록 선언한다.

In[6]: 기계학습 모델을 구축하는데 필요한 데이터는 일반적으로 각 관찰 대상에 대해 관찰값과 타겟값으로 구성된다. 이 경우에는 임의로 X라는 관찰값과 Y라는 타겟값을 정의했다. 즉, 10개의 관찰 대상에 대해 각각 2개의 측정값을 X의 항목으로 나타내고, 그 관찰샘플이 어떤 그룹에 속하는지는 Y에 0과 1로 구분하였다.

In[7]: train_test_split 메서드를 실행하여 데이터를 훈련 데이터와 테스트 데이터로 나눈다. 인수중에 test_size를 0.4로 설정하여 10개의 데이터 중에서 40%인 4개는 테스트 데이터로 지정하고 나머지 6개는 훈련 데이터로 나눌 것을 설정한다. 메서드의 실행 결과로 훈련 데이터와 테스트 데이터가 랜덤하게 각각 6개와 4개로 분리됨을 볼 수 있다.

이번에는 iris 데이터를 훈련 데이터와 테스트 데이터로 나누어 보자.

```
In[12]: from sklearn.datasets import load_iris
         iris = load_iris()
In[13]: X_train, X_test, Y_train, Y_test =
          train_test_split(iris.data, iris.target, train_size=0.8)
In[14]: X_train.shape
Out[14]: (120, 4)
```

In[12]: iris 데이터를 불러온다.

In[13]: 모든 scikit-learn의 데이터는 관찰값은 data 멤버변수에 저장되고, 타겟값은 target 멤버변수에 저장되어 있다. train_size는 전체 데이터 중에서 훈련 데이터로 사용할 비율을 나타낸다. iris 데이터는 150개이므로 이 중에서 80%를 훈련 데이터로 지정하면 120개가 훈련 데이터로 설정되고 나머지 20%에 해당하는 30개는 테스트 데이터로 설정된다.

이렇게 데이터를 훈련 데이터와 테스트 데이터로 나눈 후 이를 이용하여 기계학습의 훈련을 진행할 수 있다. 기계학습에 대한 자세한 내용은 다음 장부터 학습한다.

연습문제

1~5번 문제는 import numpy as np 명령을 실행하고 코드를 작성하시오.

1. 항목이 [2, 3, 4, 5]인 1차원 배열 ar을 만드시오.
2. 모두 0인 항목이 5개인 1차원 배열 ar을 만드시오.
3. 모든 항목이 0이고 행이 2개이며 열이 4개인 2차원 배열 ar2를 만드시오.
4. 모두 항목이 1이고 행이 3개이며 열이 2개인 2차원 배열 ar2를 만드시오.
5. 위의 1번의 1차원 배열 ar을 행이 2개이고 열이 2개인 2차원 배열 ar2로 변환하시오.

6~9번 문제는 import pandas as pd 명령을 실행하고 코드를 작성하시오.

6. 리스트 [4, 7, 1, 3, 5]를 pandas 시리즈 형식으로 만드는 명령을 작성하시오.
7. 리스트 [4, 7, 1, 3, 5]를 pandas 시리즈 형식으로 만들되 인덱스를 [2018, 2019, 2020, 2021, 2022]로 설정하는 명령을 작성하시오.
8. 다음 객체를 데이터프레임으로 만드는 명령을 작성하고 화면에 데이터프레임을 출력하시오. 데이터 프레임의 칼럼은 객체의 키로 설정하시오.

```
data = { 'city' : ['Daejeon', 'Seoul', 'Busan', 'Daegu'],
         'temperature' : [28.2, 29.3, 27.8, 30.5],
         'rank' : [12, 7, 15, 14]
       }
```

실행결과

```
      city  temperature  rank
0  Daejeon         28.2    12
1    Seoul         29.3     7
2    Busan         27.8    15
3    Daegu         30.5    14
```

9. 위의 8번에서 만든 데이터 프레임의 두 번째 행('Seoul' 행)만을 출력하는 명령을 작성하시오.

실행결과

```
city           Seoul
temperature    29.3
rank            7
Name: 1, dtype: object
```

10~12번 문제는 matplot에 관한 문제로서 import matplotlib.pyplot as plt 명령을 실행하고 코드를 작성하시오.

10. 다음 year 리스트를 x축으로 하고 amt 리스트를 y축으로 하는 막대그래프를 그리는 명령을 작성하시오.

```
year = [1995, 1996, 1997, 1998, 1999]
amt = [25, 28, 32, 35, 40]
```

실행결과

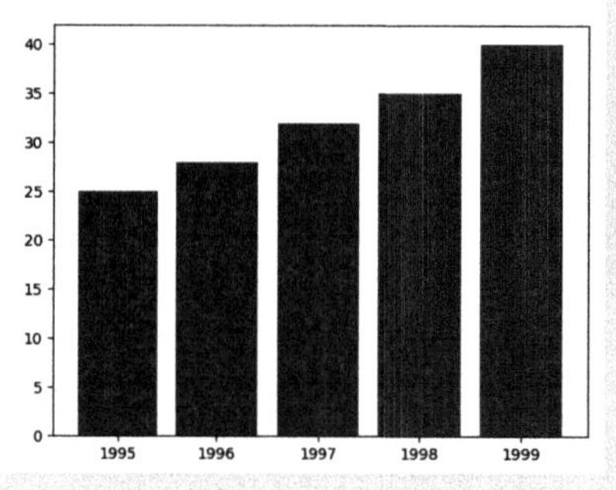

11. 다음 x 리스트를 x축으로 하고 y 리스트를 y축으로 하는 스캐터플롯(산점도)를 그리는 명령을 작성하시오.

x = [11, 19, 28, 38, 45]

y = [215, 128, 327, 89, 145]

실행결과

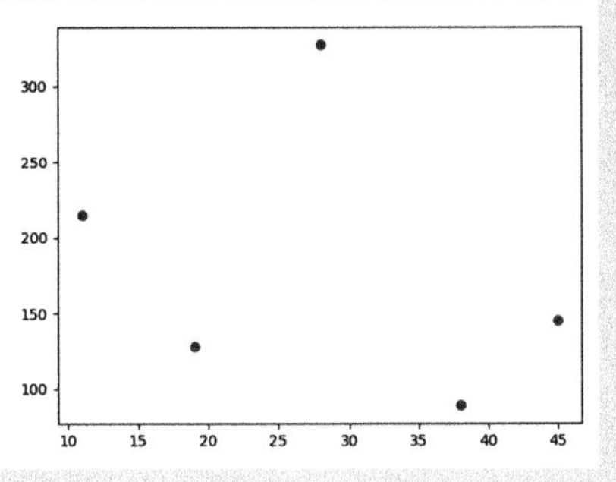

12. 다음 year 리스트를 x축으로 하고 amt 리스트를 y축으로 하는 선형그래프를 그리는 명령을 작성하시오.

person = ['1', '2', '3', '4', '5']

score = [98, 79, 85, 95, 72]

실행결과

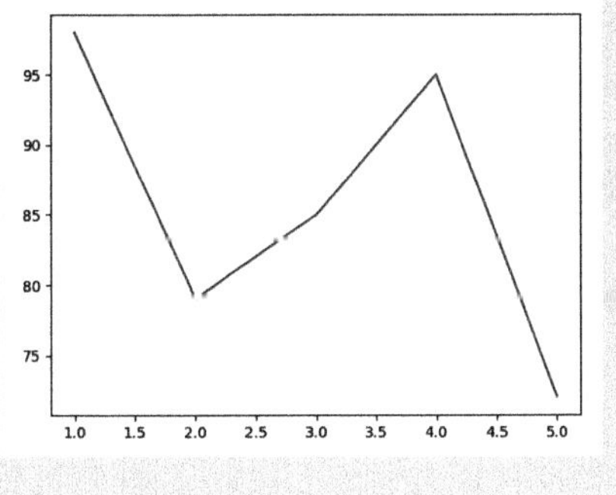

제11장
클러스터링

클러스터링은 비지도 분류기법(Unsupervised classification) 중의 하나로서 패턴인식 및 인공지능 분야에서 아주 활용도가 높은 기법이다. 아래 그림은 데이터가 3개의 그룹, 즉 3개의 클러스터로 구성되어 있음을 보여 준다.

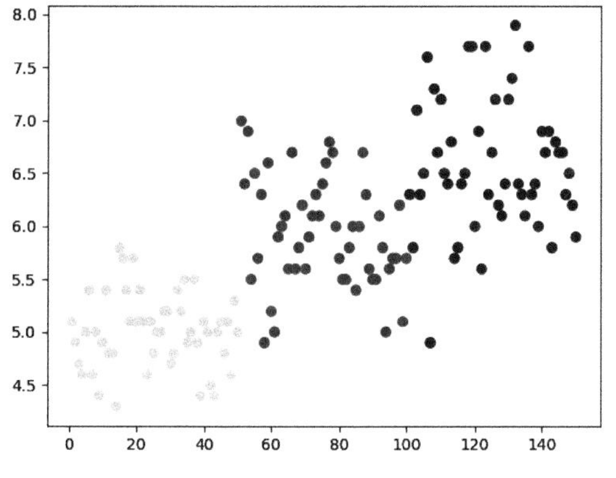

그림 11-1 3개의 클러스터로 구성된 데이터

11.1 클러스터링(Clustering, 군집화)의 개념

N개의 데이터 벡터로 구성된 집합이 있을 때, 클러스터링 알고리즘은 데이터 벡터들을 M개의 그룹으로 나누되 각 그룹은 모두 서로 유사한 데이터 벡터만을 포함하도록 구분해준다. 여기에서 M개의 그룹을 클러스터(cluster)라고 부른다. 클러스터링 알고리즘은 일반적으로 사용자로부터 벡터사이의 거리 또는 유사도(similarity)를 정의하는 척도(measure)와 클러스터의 갯수를 나타내는 M을 입력 인수로 받아서 작업을 수행한 후에 M개의 클러스터를 출력한다.

출력된 결과 클러스터링 결과의 성능은 다음과 같은 기준에 따라 판단을 한다.

- 각 클러스터 안의 데이터 벡터들은 서로 유사해야 한다.
- 다른 클러스터에 속한 데이터 벡터들은 서로 유사하지 않아야 한다.

데이터 벡터 사이의 유사성은 벡터 사이의 거리로 나타낼 수 있다. 벡터 사이의 거리를 정의하는 척도는 응용프로그램의 특성에 따라 자유롭게 선택할 수 있는데 가장 보편적으로 사용되는 것은 다음과 같은 유클리드 거리(Euclidean distance)에 기반한 거리 함수이다.

$$distEU(\vec{t},\vec{d}) = \sqrt{(\sum_{i=1}^{n}[t_i - d_i]^2)}$$

11.2 인위적 데이터를 k-means 알고리즘으로 클러스터링하기

여러 클러스터링 방법 중에서 k-means 클러스터링 알고리즘은 가장 널리 알려진 클러스터링 알고리즘으로서 데이터를 k개의 그룹, 즉 k개의 클러스터로 나눈다. k개의 그룹으로 나누는 기준, 즉 어떤 데이터가 어떤 그룹에 속하는지에 대한 기준은 각 클러스터 사이의 거리를 계산하고 이 거리의 분산을 최소화하는 k개의 그룹을 반복하여 찾는다. 아래 그림은 이 과정을 도식화하여 나타내었다.

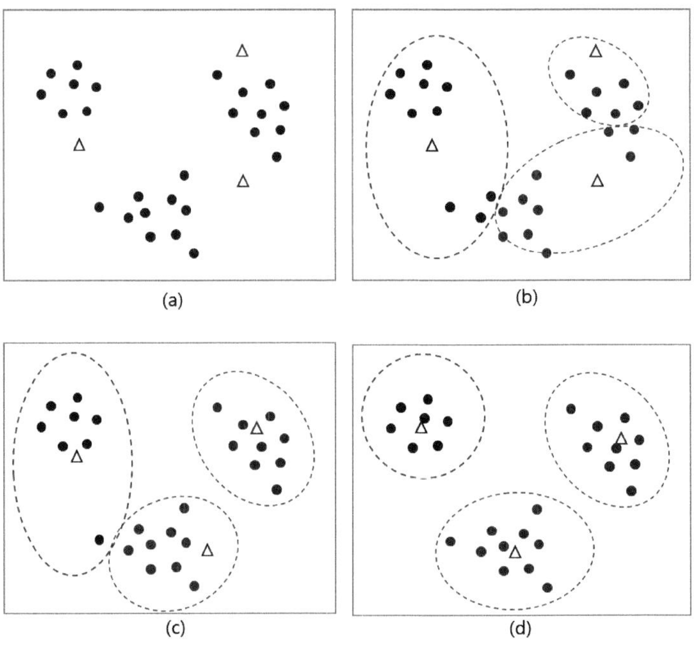

그림 11-1 k-means 클러스터링 알고리즘

주어진 데이터가 그림 11-1(a)의 점들로 표시된 것 같은 분포를 이룬다고 하자. 각 점은 하나의 데이터를 나타낸다. 먼저 클러스터의 개수를 3개로 정하고 임의의 점을 각 클러스터의 중심으로 지정한다. 위의 경우에는 삼각형으로 표시된 점이 임의로 지정된 클러스터 중심이다. 모든 점에 대해 가장 가까운 클러스터 중심을 구하여 그림 11-1(b)와 같이 3개의 클러스터로 나눈다. 각 클러스터의 점들은 같은 색으로 표시하였다. 그리고 각 클러스터의 점들에 대해 무게 중심을 다시 계산한다. 새로 계산하여 구한 클러스터의 중심 위치를 그림 11-1(c)에 표시하고 이를 기준으로 다시 클러스터를 구하였다. 이와 같은 과정을 계속하여 그림 11-1(d)와 같이 최종적인 클러스터를 얻을 수 있다. 이를 정리하면 k-means 클러스터링 알고리즘을 다음과 같이 요약할 수 있다.

- Step 1) 클러스터의 개수 k를 정한다.
- Step 2) 임의로 k개의 점을 선택하여 클러스터 중심으로 지정한다.
- Step 3) 각 점에 대하여 클러스터 중심과의 거리를 계산한다.
- Step 4) 각 점을 가장 가까운 클러스터 중심에 따라 그룹으로 나눈다.
- Step 5) 각 클러스터에 대해 무게 중심을 구하여 새로운 클러스터 중심으로 지정한다.
- Step 6) 무게 중심이 더 이상 변하지 않거나 최대 횟수까지 위의 3~5과정을 반복한다.

이번 장부터는 Jupyter notebook에서 실행하는 것이 편리하므로 코드를 Jupyter notebook에서 실행하는 형식을 따른다.

11.2.1 실습 환경 및 데이터 준비하기

k-means 클러스터링을 실습하기 위해 가상의 데이터를 준비해 보자. scikit-learn 라이브러리는 실험용 데이터셋을 생성할 수 있도록 해주는 다양한 함수를 제공해 준다. 그 중에서 클러스터링 학습에 적합한 makc_blobs() 함수를 이용하여 데이터를 만들어 보자.

```
In[1]: from sklearn.datasets import make_blobs
       import pandas as pd
In[2]: data, cls = make_blobs(n_samples=100, centers=3,
                              n_features=2, random_state=9)
In[3]: points = pd.DataFrame(data, cls)
```

```
In[4]: points.columns = ["d1", "d2"]
In[5]: points.head()
```

In[1]: scikit-learn 라이브러리에서 make_blobs() 모듈을 불러 온다. pandas 라이브러리의 배열 형태 데이터프레임을 사용하기 위해 준비한다.

In[2]: make_blobs() 함수를 이용하여 다음과 같은 데이터셋을 생성한다.

1) n_samples = 100 : 총 100개의 데이터 샘플을 만든다.
2) centers = 3 : 100개의 데이터를 3개의 그룹(blobs)으로 나눈다.
3) n_features = 2 : 데이터의 속성값은 2개로 한다. 이 값들은 numpy 배열인 data에 2차원 데이터로 저장된다.
4) random_state = 9 : 랜덤 데이터를 생성할 때 항상 동일한 결과를 얻기 위하여 설정하는 값으로 이 값이 같으면 동일한 실험을 반복할 수 있다. 최종적으로 2개의 속성값이 data라는 이름의 numpy 배열과 그룹을 나타내는 cls로 저장된다.

In[3]: 작업의 편리성을 위해 numpy 배열을 points라는 이름의 데이터프레임으로 만든다.

In[4]: points의 각 칼럼의 레이블을 "d1"과 "d2"로 지정한다.

In[5]: points 데이터프레임의 차원은 (100,2) 이므로 한번에 보기가 힘들다. 따라서 제대로 만들어졌는지 확인을 하기 위해 앞부분의 5개 데이터만 출력하면 다음과 같이 데이터프레임이 만들어진 것을 확인할 수 있다. 첫 번째 컬럼의 0,1,2는 각 blob의 레이블이다.

```
Out[5]:
          d1          d2
1     0.476743   -7.083684
0   -12.464627   -0.875787
2    -8.342720   -6.659578
2    -8.483402   -4.691798
0   -10.286264   -0.338606
```

11.2.2 k-means 클러스터링 실행하기

데이터에 어떤 기계학습 알고리즘을 적용하기 전에 데이터의 분포를 그래프나 그림으로 화면에 출력해서 대략적이나마 전체적인 분포를 확인해보는 작업이 필요하다.

아래와 같이 scatter plot으로 데이터의 분포를 나타내면 3개의 그룹(blob)이 형성되어 있는 것을 볼 수 있다.

```
In[6]: import matplotlib.pyplot as plt
In[7]: plt.scatter(points["d1"], points["d2"]);
       plt.show()
Out[7]:
```

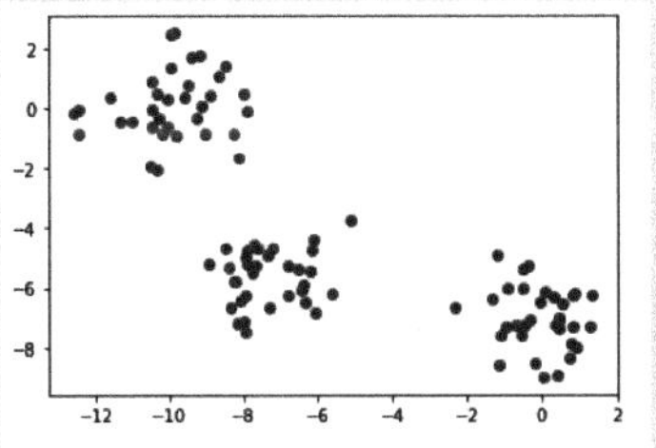

이렇게 이미 3개의 클러스터 그룹으로 만들어진 데이터를 가지고 클러스터링 알고리즘을 적용하는 것이 너무 결과가 당연한 일 같아 보이지만, k-Means 클러스터링 알고리즘을 학습하기 위한 첫 걸음을 익히는 과정으로 여기고 위에서 정리한 과정을 실행해 보자.

- Step 1) 클러스터의 개수 k를 3으로 지정한다. 최적의 k값을 찾는 과정은 뒤에서 자세히 다룬다.
- Step 2) 클러스터의 중심을 구한다. k-Means 알고리즘을 시작할 때에는 임의의 점을 클러스터의 중심으로 지정하므로 데이터 중에서 임의로 3개를 선택하여 무게 중심으로 지정한다. 아래 그림에서 빨강색으로 표시된 점이 최초의 무게 중심이다.

In[8]: points 데이터프레임에서 임의의 점 3개를 취하여 centroids 데이터프레임으로 만든다. random_state의 값은 랜덤 넘버를 생성하되 반복 실험을 가능하도록 해준다.

In[9]: points 데이터프레임과 centroids 데이터프레임을 산점도로 그린다.

- Step 3) 각 점에 대하여 클러스터 중심과의 거리를 계산한다.

```
In[10]: import numpy as np
         import scipy as sp
        dist = sp.spatial.distance.cdist(points, centroids,
                  "euclidean")
```

In[10]: numpy와 유클리디안 거리를 계산하기 위한 scipy 라이브러리를 불러온다. 각 점에서 3개의 무게 중심까지의 거리를 계산한 결과는 (100, 3) 차원의 2차원 배열의 형식으로 저장된다. 즉, 행의 개수 100은 각 점을 나타내고, 열의 개수 3은 각 점에서 3개의 무게 중심까지의 거리를 나타낸다. 아래 Out[11]은 처음 5개의 행에 대해 3개의 열의 값을 보여 준다. 이 3개의 값에서 가장 작은 값을 찾으면 이 값의 인덱스가 해당 점에서 가장 가까운 무게 중심을 나타낸다.

```
In[11]: dist[0:5, :]
Out[11]:
array([[ 8.44129256,  7.09945613, 13.01092866],
       [ 7.97443076,  7.27770047,  2.190288  ],
       [ 0.88300842,  3.1948764 ,  6.96682744],
       [ 2.81163891,  2.40967548,  5.06958482],
       [ 7.48674916,  5.83218597,  0.35884682]])

In[12]: cidx = np.argmin(dist, axis=1)
In[13]: cidx
Out[13]:
array([1, 2, 0, 1, 2, 2, 2, 1, 1, 2, 1, 2, 1, 1, 0, 1, 1, 1, 2, 1, 2, 1, 2, 1,
2, 0, 0, 2, 2, 1, 2, 1, 0, 1, 2, 0, 1, 1, 2, 2, 0, 2, 1, 2, 1, 1, 2, 1, 0, 1,
2, 1, 1, 2, 2, 1, 1, 2, 2, 2, 1, 2, 2, 0, 1, 2,
1, 0, 1, 0, 1, 2, 1, 0, 1, 0, 1, 0, 1, 2, 1, 1, 2, 1, 2, 1, 1, 1, 1, 1, 0, 1,
1, 1, 2, 1, 1, 1, 1, 2], dtype=int64)
```

In[12]: numpy의 argmin() 함수를 이용하여 dist 배열의 1번 axis, 즉 열의 데이터 중에서 가장 작은 값을 구하여 그 값의 인덱스를 클러스터 인덱스를 나타내는 cidx에 저장한다. 참고로 min() 함수는 최소값을 구하는 함수이고 argmin()은 최소값의 위치(인덱스)를 구하는 함수이다.

- Step 4) 각 점을 가장 가까운 클러스터 중심에 따라 그룹으로 나눈다.

```
In[14]: points["cluster"] = np.array(cidx)
In[15]: points.head()
Out[15]:
          d1          d2     cluster
1    0.476743    -7.083684      1
0  -12.464627    -0.875787      2
2   -8.342720    -6.659578      0
2   -8.483402    -4.691798      1
0  -10.286264    -0.338606      2
```

In[14]: 위의 Step 3에서 구한 클러스터 인덱스 cidx를 numpy 배열로 만들어 points 데이터프레임의 "cluster" 열에 추가한다.

In[15]: points 데이터프레임의 처음 5개 행을 출력한다. 각 점에 대해 cluster가 지정된 것을 볼 수 있다. 각 클러스터가 어떻게 지정되었는지 산점도의 각 점을 클러스터 별로 구분하여 그려보면 다음과 같다. k-means 알고리즘을 1회 반복하였으므로 클러스터일 결과가 그리 좋지 않은 것을 볼 수 있다. 특히 가운데 클러스터는 제대로 구분이 되지 않은 것을 알 수 있다.

```
In[16]: plt.scatter(points["d1"], points["d2"],
                    c=points["cluster"])
        plt.show()
Out[16]:
```

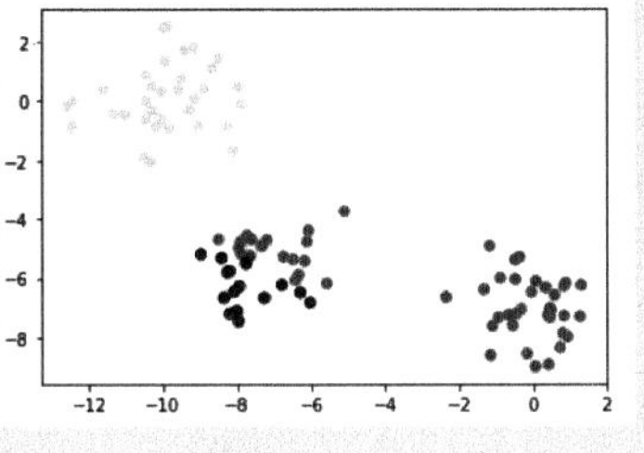

- Step 5) 각 클러스터에 대해 무게 중심을 구하여 새로운 클러스터 중심으로 지정한다.

```
In[17]: centroids2 = points.groupby("cluster").mean()
        centroids2
Out[17]:
cluster    d1          d2
0       -7.767971   -6.329341
1       -2.482664   -6.318129
2       -9.916951    0.092368
```

새롭게 구한 무게 중심을 빨강색의 점으로 산점도에 나타내 보면 다음과 같다. 이 무게 중심들은 완전하지는 않지만 클러스터의 분포를 잘 나타내고 있음을 알 수 있다. 물론 3개의 클러스터 그룹이 잘 구분될 수 있도록 인위적인 데이터를 생성하였기 때문에 이와 같은 결과가 나온 것이지만 k−means 알고리즘이 잘 작동하는 것을 확인할 수 있다.

```
In[18]: plt.scatter(points["d1"], points["d2"])
         plt.scatter(centroids2["d1"], centroids2["d2"], c="red")
         plt.show()
Out[17]:
```

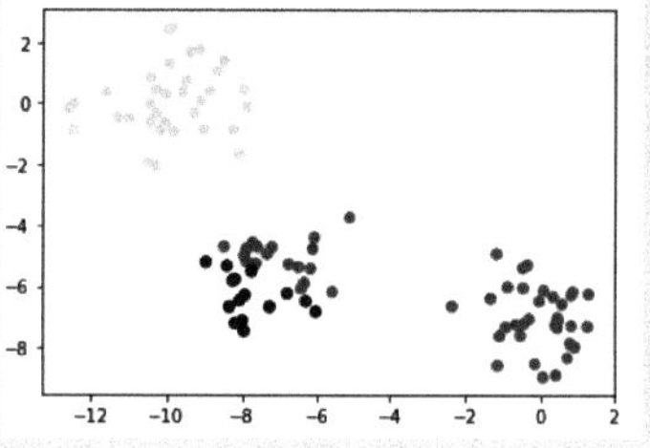

11.3 아이리스 데이터를 k−means 알고리즘으로 클러스터링하기

11.3.1 아이리스 데이터 다운로드하기

아이리스(Iris) 데이터는 기계학습(Machine learning)이나 패턴인식 분야에서 아주 널리 사용되는 데이터로서 그림 11−2와 같은 Setosa, Versicolor, Virginica라는 세 종류의 붓꽃(Iris)에 대한 150개의 관찰 값을 정리해 놓은 것이다. 각 종류는 50개의 표본으로 구성되어 있으며, 각 표본은 꽃받침(Sepal)의 길이와 너비, 꽃잎(Petal)의 길이와 너비를 측정한 값에 종류를 나타내는 값을 더해 5개의 컬럼으로 표현된다.

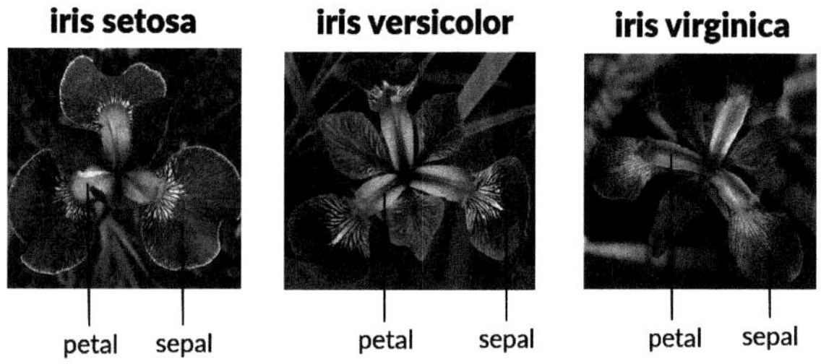

그림 11-2 세 종류의 iris[1]

아이리스 데이터는 우리가 이미 앞 장에서 scikit-learn 패키지에서 제공하는 API를 이용하여 다운로드하고 데이터의 형식과 내용에 대해 간단히 살펴보았다. 만일 텍스트 형식의 파일로 로컬 컴퓨터에 저장하려는 경우 인터넷 사이트(https://www.kaggle.com/uciml/iris)에서 .csv파일 형태로 다운로드 할 수 있다.

다운로드 한 후에 아래와 같이 읽어서 그 내용을 출력하여 확인할 수 있다.

```
In[1]: import csv                  # csv 파일을 처리하는 모듈 불러오기
       f = open('Iris.csv')        # Iris.csv 파일 열기
       data = csv.reader(f)        # Iris.csv 데이터를 data에 저장
       ilist =[]                    # 데이터를 ilist 리스트에 저장

In[2]: # Iris 데이터를 행별로 ilist 리스트에 저장하고 화면에 출력하기
       for row in data :
           ilist.append(row)   # 행별로 리스트에 저장하기
           print(row)           # 화면에 데이터 출력하기
Out[2]:
['Id', 'SepalLengthCm', 'SepalWidthCm', 'PetalLengthCm',
 'PetalWidthCm', 'Species']
['1', '5.1', '3.5', '1.4', '0.2', 'Iris-setosa']
['2', '4.9', '3.0', '1.4', '0.2', 'Iris-setosa']
['3', '4.7', '3.2', '1.3', '0.2', 'Iris-setosa']
... 이하 생략
```

위와 같이 .csv 파일을 로컬 컴퓨터에 직접 다운로드하지 않고 scikit-learn 라이브러리를 이용하면 데이터를 사용할 수 있다. 그리고 scikit-learn 라이브러리는 KMeans() 라는 메서드를 제공하므로 앞에서 단계별로 실행했던 것처럼 하지 않고 명

1 출처: https://dodona.ugent.be/nl/activities/779139786/

령문 하나로 k-means 알고리즘을 실행할 수 있어서 편리하다.

```
In[1]: from sklearn.cluster import KMeans
       from sklearn.datasets import load_iris
In[2]: iris = load_iris()
In[3]: km = KMeans(n_clusters = 3)
In[4]: km.fit(iris.data)
In[5]: labels = km.predict(iris.data)
In[6]: labels
Out[6]:
array([1, 1, 1, 1, 1, 1, 1, 1, 1, 1, 1, 1, 1, 1, 1, 1, 1, 1, 1, 1, 1, 1, 1, 1,
1, 1, 1, 1, 1, 1, 1, 1, 1, 1, 1, 1, 1, 1, 1, 1, 1, 1, 1, 1, 1, 1, 1, 1, 1, 1,
0, 0, 2, 0, 0, 0, 0, 0, 0, 0, 0, 0, 0, 0, 0, 0, 0, 0, 0, 0, 0, 0, 0, 0, 0, 0,
0, 2, 0, 0, 0, 0, 0, 0, 0, 0, 0, 0, 0, 0, 0, 0, 0, 0, 0, 0, 0, 0, 0, 0, 2, 0,
2, 2, 2, 2, 0, 2, 2, 2, 2, 2, 2, 0, 0, 2, 2, 2, 2, 0, 2, 0, 2, 0, 2, 2, 0, 0,
2, 2, 2, 2, 2, 0, 2, 2, 2, 2, 0, 2, 2, 2, 0, 2, 2, 2, 0, 2, 2, 0])
```

In[1]: scikit-learn에서 KMeans 등 필요한 모듈을 불러 온다.

In[2]: 위의 load_iris 모듈로부터 아이리스 데이터를 변수 iris에 다운로드 한다.

In[3]: 클러스터의 개수가 3개인 k-means 모델 km을 생성한다.

In[4]: 위에서 생성한 모델 km에 iris 데이터를 적용하여 fit() 메서드에 의해 k-means 알고리즘의 각 단계를 수행한다.

In[5]: predict() 메서드를 실행하여 iris 데이터에 대한 클러스터링 결과를 labels 배열에 저장한다. labels 배열은 각 데이터 샘플에 대해 k-means 알고리즘이 예측한 클러스터 인덱스를 나타낸다. 클러스터 인덱스는 임의로 지정한 것이므로 위 In[4]의 fit() 메서드를 실행할 때마다 다르게 나올 수 있다. 따라서 인덱스 값 자체가 의미있는 것은 아니다.

In[6]: labels의 내용을 화면에서 확인한다.

Out[6]: 출력된 labels의 내용을 보면 setosa 종류에 해당하는 0~49번 데이터는 대부분 클러스터 1에 속하고, versicolor 종류에 해당하는 50~99번 데이터는 대부분 클러스터 0에 속하며, virginica 종류에 해당하는 100~149번 데이터는 대부분 클러스터 2에 속하는 것을 알 수 있다.

이제 클러스터링 결과를 가지고 setosa 종류의 분류 성능을 측정해 보자.

```
In[7]: correct, incorrect = 0, 0
In[8]: for i in range(0, 50):
          if labels[i] == 0:  # setosa 종류는 label이 0
             correct += 1
          else:
             incorrect += 1
In[9]: print("setosa \t correct:", correct, " incorrect:",
          incorrect)
Out[9]: setosa  correct: 50  incorrect: 0
```

In[7]: 정확히 분류한 것과 부정확한 분류를 세기 위한 변수를 0으로 초기화 한다.

In[8]: setosa 종류는 1~49번 데이터에 해당하므로 range(0,50)으로 지정한다. 위의 Out[6]에서 setosa 종류가 클러스터 1에 속한 것을 확인했으므로 labels 배열의 값이 1인지 확인하면 정확히 분류했는지 알 수가 있다.

Out[9]: setosa 종류는 모두 클러스터 1에 속하도록 정확하게 분류된 것을 알 수 있다. 이것은 위의 Out[9]에서 label 1이 0~49번 외에는 나타나지 않는 것과 일치한다.

같은 방식으로 50~99번에 위치한 versicolor 종류의 분류 성능을 측정해 보자.

```
In[10]: correct, incorrect = 0, 0
In[11]: for i in range(50, 100):
          if labels[i] == 0:  # versicolor 종류는 label이 0
             correct += 1
          else:
             incorrect += 1
In[12]: print("versicolor \t correct:", correct, " incorrect:",
            incorrect)
Out[12]: versicolor  correct: 48  incorrect: 2
```

In[10] ~ In[12]: 50~99번의 versicolor 종류를 나타내는 range(50, 99)와 label을 0과 비교하는 것 외에는 In[7] ~ In[9]와 동일하다.

Out[12]: versicolor 종류는 48개가 클러스터 0에 속하지만 나머지 2개는 다른 클러스터로 분류되었다. Out[6]의 배열을 보면 이 2개가 클러스터 2에 속하도록 분류된 것을 알 수 있다.

마지막으로 100~149번에 위치한 virginica 종류의 분류 성능을 측정해 보자.

```
In[13]: correct, incorrect = 0, 0
In[14]: for i in range(100, 149):
            if labels[i] == 0:  # virginica 종류는 label이 2
                correct += 1
            else:
                incorrect += 1
In[15]: print("virginica \t correct:", correct, " incorrect:",
            incorrect)
Out[15]: virginica   correct: 36  incorrect: 14
```

In[13] ~ In[15]: 100~149번의 virginica 종류를 나타내는 range(100, 149)와 label을 2와 비교하는 것 외에는 위와 동일하다.

Out[15]: virginica 종류는 분류 성능이 그리 좋은 편이 아니다. 36개는 같은 클러스터로 분류되었지만 14개가 다른 클러스터에 속하는 결과가 나왔다. Out[6]를 보면 14개 모두 클러스터 0, 즉 versicolor 종류로 잘못 분류된 것을 알 수 있다.

그러면 앞에서 배운 matplot 라이브러리를 이용하여 이들 데이터를 산점도 그래프로 화면에 출력해 보자. 아이리스 데이터의 측정값은 4차원 데이터이므로 산점도를 그리려면 2개 씩 선택하여 그려야 한다. 먼저, 꽃받침(Sepal)의 길이와 너비 측정값을 가지고 산점도를 그려보자.

```
In[16]: import matplotlib.pyplot as plt
In[17]: plt.scatter(X_train[:,0], X_train[:,1], c=Y_train)
        plt.xlabel('sepal length (cm)')
        plt.ylabel('sepal width (cm)')
        plt.show()
```

In[16]: x축은 X_train 데이터의 0번 열을 나타내고, y축은X_train 데이터의 1번 열을 나타낸다. c=Y_train 옵션은 타겟값이 저장된 Y_train의 값으로 색상을 구분한다. 아래 출력된 그림을 보면 꽃받침(Sepal)의 길이와 너비 측정값만을 가지고 3종류의 붓꽃을 완전히 구분하기에 어려움이 있다는 것을 알 수 있다. 그리고 위에서 virginica 종류의 14개가 versicolor 종류의 클러스터에 속하는 결과가 나온 것도 이와 같은 측정값이 겹치는 것과 상관이 있다는 것을 확인할 수 있다.

```
Out[17]:
```

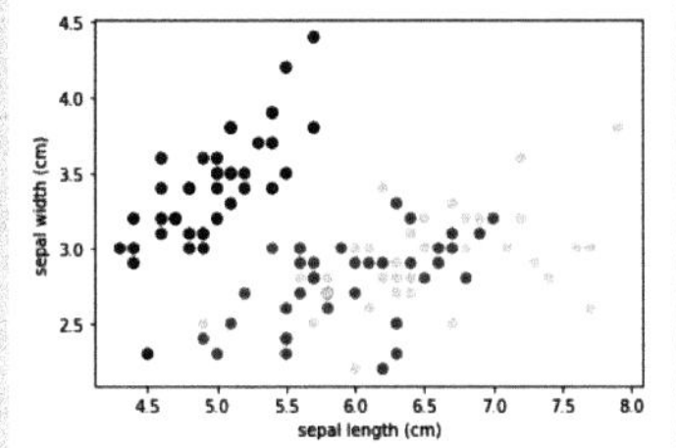

k-means 클러스터링 알고리즘의 단점 중의 하나는 클러스터의 개수를 나타내는 k 값을 미리 정해야 한다는 점이다. 실제적인 데이터는 고차원의 데이터이므로 위와 같이 명확하게 클러스터의 개수를 예측하기 어려운 면이 있다. 따라서 최적의 k값을 찾는 여러가지 방법이 고안되었는데 그 중에 하나는 엘보우(elbow) 방법이다. 엘보우 방법은 각 클러스터 중심과 해당 클러스터에 속한 데이터 사이의 거리의 합을 클러스터링 결과의 성능을 나타내는 지표로 사용한다. 이 합을 관성(inertia)라고 부르며 관성값이 작을수록 클러스터링이 잘되었다고 볼 수 있다.

```
In[18]: inertia = []
In[19]: for k in range(2,8) :
            km = KMeans(n_clusters=k, random_state=15)
            km.fit(iris.data)
            inertia.append(km.inertia_)
In[20]: plot(range(2,8), inertia)
        plt.xlabel('Number of clusters (k)')
        plt.ylabel('Inertia')
        plt.show()
Out[20]:
```

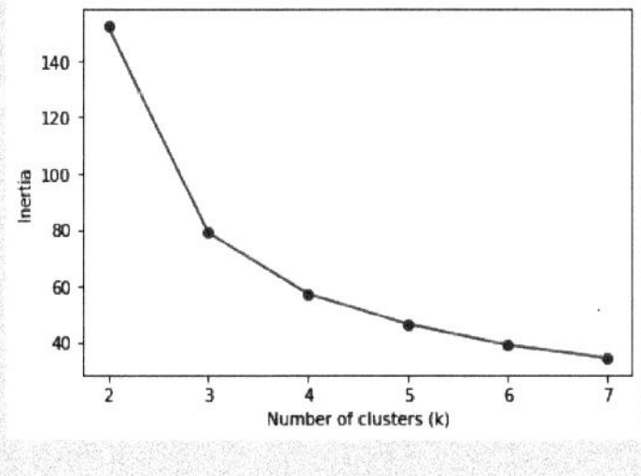

In[18]: 관성(inertia)값을 저장할 공백 리스트를 만든다.

In[19]: k의 값을 2부터 7까지 증가하면서 k-means 알고리즘을 실행하고 관성값을 구한 후에 inertia 리스트에 추가한다.

In[20]: 관성값을 plot으로 그린다.

Out[20]: k의 값이 증가함에 따라 관성값이 감소하는 것을 볼 수 있다. 이 그래프에서 감소하는 추이가 변화하는 점이 뚜렷이 보이지는 않지만 k=3에서 관성값이 급격히 감소하다가 변화하여 점차 서서히 감소하는 경향이 있다는 것을 알 수 있다.

연습문제

1. scikit-learn의 make_blobs 모듈을 사용하여 4개의 클러스터로 구성된 100개의 2차원 데이터를 생성하시오. random_state는 13으로 설정하시오. 반환값은 data와 cls 객체에 저장하시오.
2. pandas를 이용하여 위의 1번에서 생성한 data와 cls를 가지고 pts 라는 이름의 데이터 프레임을 생성하시오.
3. 위의 pts의 칼럼을 각각 "d1"와 "d2"로 지정하시오.
4. matplot을 이용하여 pts의 "d1"와 "d2"에 대해 스캐터플롯으로 그리시오.

실행결과

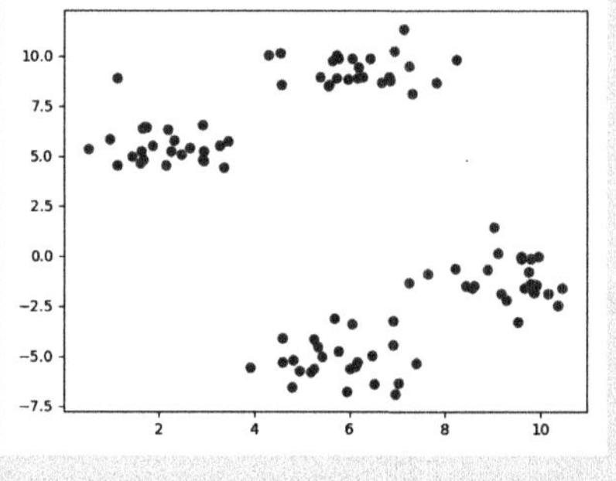

제12장
분류

12.1 분류(Classification)의 개념

기계학습(Machine Learning)의 여러 응용 분야 중에서 분류(Classification)는 매우 중요한 위치를 차지하고 있다. 컴퓨터를 이용한 분류 문제는 문자 인식, 스팸 메일 진단, 암 진단, 물체 인식 등과 같은 응용의 기본이 된다. 앞에서 배웠던 클러스터링이 비지도학습(Unsupervised Learning)에 속하는 반면, 일반적으로 분류는 지도학습(Supervised Learning)에 속한다. 지도학습에 사용되는 데이터에는 측정값(Features)뿐만 아니라 타겟(Target)이라고 불리는 레이블(Label)이 포함되어 있다. 아이리스 데이터에는 4개의 측정값과 setosa, versicolor, virginica 이라는 3개의 타겟이 포함되어 있다. 앞 장에서 학습한 k-means 알고리즘은 아이리스 데이터의 타겟을 사용하지 않고 측정값과 클러스터 중심의 거리만을 이용하여 k개의 클러스터를 구하였다. 이제 아이리스의 종류를 나타내는 타겟도 사용하여 아이리스를 분류하는 문제를 수행해보자.

12.2 k-최근접 이웃 알고리즘으로 분류하기

여러 분류 알고리즘 중에서 k-최근접 이웃(k-Nearest Neighbor) 알고리즘은 개념적으로 쉽게 이해할 수 있어서 가장 보편적으로 사용되는 분류 알고리즘이다. k-최근접 이웃 알고리즘은 새로운 데이터를 분류할 때 그 데이터와 가장 가까운 k개의 데이터를 찾아서 그 데이터들의 레이블의 값에 따라 분류를 하는 기법이다. k의 값을 너무 작거나 큰 값으로 지정하지 않는 것이 좋다. 아래 그림 12-1(a)는 k의 값을 1로 했을 때 빨간색 점이 가장 가까운 점의 색인 파랑색 레이블로 분류된다. 그러나 그림 12-1(b)와 같이 k의 값을 3으로 했을 때는 빨간색에 가장 가까운 점 3개 중에서 녹색이 다수를 차지하므로 녹색 레이블로 분류된다.

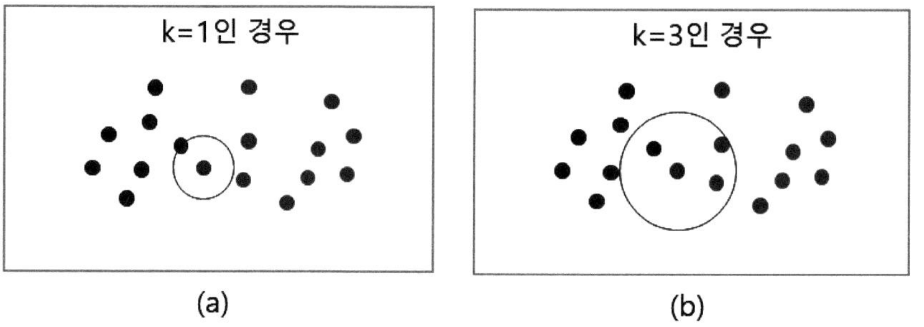

그림 12-1 k-최근접 알고리즘

12.2.1 아이리스 데이터 분류하기

앞에서 배웠듯이 scikit-learn 라이브러리를 이용하면 데이터를 직접 다운로드하여 로컬 컴퓨터에 저장하지 않고 메모리에서 데이터를 사용할 수 있다. 아이리스 데이터를 scikit-learn 라이브러리를 이용하여 다운로드하자.

```
In[1]: from sklearn.neighbors import KNeighborsClassifier
       from sklearn.model_selection import train_test_split
       from sklearn.datasets import load_iris
In[2]: iris = load_iris()
In[3]: trn_data, test_data, trn_target, test_target =
          train_test_split(iris.data, iris.target, train_size=0.8)
In[4]: clf = KNeighborsClassifier(n_neighbors=3)
In[5]: clf.fit(trn_data, trn_target)
Out[5]: KNeighborsClassifier(n_neighbors=3)

In[6]: clf.predict(test_data)
Out[6]:
   array([0, 1, 2, 0, 0, 0, 0, 1, 2, 0, 2, 0, 2, 1, 1, 2, 1, 1, 0,
          0, 1, 0, 2, 0, 0, 1, 0, 0, 1, 2])

In[7]: clf.score(test_data, test_target)
Out[7]: 0.9666666666666667
```

In[1]: scikit-learn에서 KNeighborsClassifier와 dataset 등 필요한 모듈을 불러 온다.

In[2]: 위의 load_iris 모듈로부터 아이리스 데이터를 변수 iris에 다운로드 한다.

In[3]: iris 데이터를 80% : 20%로 나누어 각각 훈련 데이터(trn_data, trn_target)와 테스트 데이터(test_data, test_target)로 설정한다. data는 측정값이고 target은 어떤 종류의 붓꽃인지를 구분하는 타겟 레이블이다.

In[4]: 클러스터링을 수행하는데 기준이 되는 최근접 이웃을 3개로 하여 k-nn 분류기를 생성하고 변수 clf에 저장한다.

In[5]: k-nn 분류기 clf의 fit() 함수를 훈련 데이터에 적용하여 훈련을 수행한다.

Out[5]: 훈련이 끝나면 k-nn 분류기가 생성된 것을 알 수 있다.

In[6]: 훈련이 끝난 k-nn 분류기 모델을 테스트 데이터에 적용하여 분류 성능을 테스트한다.

Out[6]: 테스트 결과를 출력한다. 즉, 훈련된 분류기 모델을 테스트 데이터에 적용했을 때 어떻게 분류했는지 그 결과를 보여주는 것이다. 그러나 결과값만 가지고는 얼마나 정확하게 분류를 할 수 있는지 알기 힘들다. 따라서 그 다음 라인의 score() 함수를 적용한다.

In[7]: 분류 성능을 수치로 나타내기 위해 k-nn 분류기 모델의 score() 함수를 적용한다.

Out[7]: 결과값으로 약 97%의 성능을 보였다. 즉, 테스트 데이터의 30개 샘플 중에서 1개만 그 종류를 틀리게 예측하였고 나머지 29개는 모두 옳게 예측하였다. 따라서 아이리스의 꽃받침(Sepal)의 길이와 너비, 꽃잎(Petal)의 길이와 너비를 가지고 그 종류를 상당히 정확하게 예측할 수 있다는 것을 확인하였다.

12.2.2 와인 데이터 분류하기

와인데이터는 이탈리아의 한 지방에서 재배한 포도로 만든 와인의 화학적 성분을 분석하여 등급을 분류하는 데이터이다. 데이터는 13개의 화학적 성분을 나타내는 실수와 등급을 나타내는 3개의 레이블로 구성되어 있으며 각 등급의 샘플 갯수는 59개, 71개, 48개로서 총 178개의 샘플을 포함한다.

와인데이터에 대해서 k-nn 알고리즘을 적용하여 분류를 수행해 보자.

```
In[1]: from sklearn.neighbors import KNeighborsClassifier
       from sklearn.datasets import load_wine
       from sklearn.model_selection import train_test_split
In[2]: wine = load_wine()
       data = wine.data
```

```
        target = wine.target
In[3]: trn_data, test_data, trn_target, test_target =
             train_test_split(data, target, train_size=0.8)
In[4]: clf = KNeighborsClassifier(n_neighbors=5)
In[5]: clf.fit(trn_data, trn_target)
In[6]: pred = clf.predict(test_data)
In[7]: score = clf.score(test_data, test_target)
       print(score)
```

In[1]: scikit-learn에서 KNeighborsClassifier 등 필요한 모듈을 불러 온다

In[2]: 와인 데이터를 다운로드하고, data 객체에 측정값 데이터를 저장하고, target 객체에 타겟 데이터를 저장한다. 타겟값은 0, 1, 2로 나타내는 레이블 값이다.

In[3]: 전체 데이터에서 랜덤하게 80%를 선택하여 훈련 데이터로 지정하고 나머지 20%는 테스트 데이터로 지정한다. 훈련 데이터의 샘플 갯수는 142개이고 데스트 데이터의 샘플 갯수는 36개이다.

In[4]: k값을 5로 지정하여 k-nn 분류기(classifier)를 생성하고 clf 객체에 저장한다.

In[5]: 훈련 데이터를 사용하여 clf 분류기를 학습시킨다.

In[6]: 학습이 끝난 분류기에 테스트 데이터를 테스트 데이터에 적용하여 분류를 수행한다. pred에는 각 테스트 샘플에 대한 분류값이 저장된다. 이 값을 target과 비교하면 어떤 샘플이 정확히 분류되거나 잘 못 분류되었는지 알 수 있다. 분류 성능만을 알고자 할 때는 다음과 같이 score() 함수를 사용하면 편리하다.

In[7]: score() 함수를 사용하여 분류 성능을 평가한다.

위와 같이 분류를 한 번만 시행하는 것은 훈련 데이터와 테스트 데이터를 어떻게 나누는가에 따라 분류기의 성능이 달라 질 수 있기 때문에 여러 번 분류를 시행하고 score의 평균값을 구하는 것이 분류기의 성능을 더 정확하게 평가할 수 있다. 다음은 k-nn 알고리즘을 1000번 시행하고 평균 score 값을 구하는 예제이다.

```
In[8]: avgscore = 0
In[9]: for run in range(1000) :
           trn_data, test_data, trn_target, test_target =
                 train_test_split(data, target, train_size=0.8)
           clf = KNeighborsClassifier(n_neighbors=5)
           clf.fit(trn_data, trn_target)
```

```
        pred = clf.predict(test_data)
        score = clf.score(test_data, test_target)
        print("run=", run, "score=", score)
        avgscore += score
In[10]: print("avg score=", avgscore)
Out[10]: avg score= 0.6925000000000002
```

In[8]: 평균 score를 구하기 위한 변수를 선언한다.

In[9]: 위의 In[3] ~ In[7] 명령을 1000번 반복 실행하고 각 시행의 score는 avgscore에 합한다.

In[10]: avgscorefmf 1000으로 나누어 평균 score를 구한다.

Out[10]: 평균 분류 성능은 69%로 나왔다. 즉, 평균적으로 36개 중에서 25개만 옳게 분류되었고 11개는 잘못 분류되었다. k-nn 분류기의 성능은 아주 우수하지 않다는 것을 알 수 있다.

12.3 결정트리(Decision Tree) 분류 알고리즘으로 분류하기

분류 알고리즘 결정트리(Decision Tree) 분류 알고리즘은 적절한 분할 기준에 따라 데이터를 부분 집합으로 분할해 가는 기법이다. 그림 12-2를 보면 맨 위의 구분기준은 proline의 값이 755보다 작은가를 기준으로 두 개의 부분 집합으로 나누는 것을 볼 수 있다. 와인 데이터를 결정트리 기법으로 분류하여 k-nn 알고리즘과 성능을 비교해 보자.

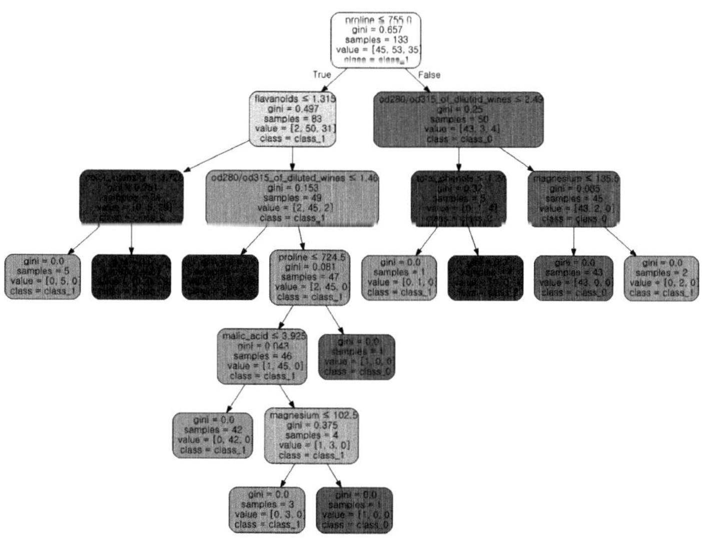

그림 12-2 와인데이터의 결정트리 분류

In[1] ~ In[3]: 결정트리를 사용하기 위해 tree 모듈을 불러 오는 것 외에 앞의 내용과 동일하다.

In[4]: 결정트리 분류모델을 생성하고 treeclf 객체에 저장한다.

In[5]: 훈련 데이터에 결정트리 분류모델을 적용하여 학습을 시행한다.

In[6]: 학습을 끝낸 모델을 테스트 데이터에 적용하여 분류를 시행한다.

In[7]: 테스트 데이터에 대한 분류 성능을 확인한다.

그러면 결정트리 분류를 1000번 시행하여 k-nn 알고리즘과 비교해 보자.

```
In[8]: avgscore = 0
In[9]: for run in range(1000) :
           trn_data, test_data, trn_target, test_target =
                 train_test_split(data, target, train_size=0.8)
           treeclf = tree.DecisionTreeClassifier()
           treeclf.fit(trn_data, trn_targ)
           pred = treeclf.predict(test_data)
           score = treeclf.score(test_data, test_targ)
           print("run=", run, "score=", score)
           avgscore += score
In[10]: print("avg score=", avgscore)
Out[10]: avg score= 0.9059722222222222
```

와인 데이터를 결정트리 분류기법으로 분류하면 평균 90%가 바르게 분류된다. 이 값은 앞에서 보았던 k-nn 알고리즘의 69%과는 상당히 차이가 난다. 이와 같이 분류기법에 따라 분류 성능이 차이가 나므로 여러 분류기법 중에서 적절한 기법을 적용해야 한다는 것을 알 수 있다.

그림 12-2은 graphviz 라이브러리를 설치하면 그릴 수 있다. 아나콘다 명령 프롬프트에서 conda install python-graphviz 명령을 실행하여 graphviz 라이브러리를 설치할 수 있다. 그 후에 다음과 같이 실행을 하면 그림 12-2와 같은 결정 트리를 출력할 수 있다.

```
In[11]: import graphviz
In[12]: dot_data = tree.export_graphviz(treeclf, out_file=None)
        graph = graphviz.Source(dot_data)
```

```
        graph.render("wine")
In[13]: dot_data = tree.export_graphviz(treeclf, out_file=None,
                     feature_names=wine.feature_names,
                     class_names=wine.target_names,
                     filled=True, rounded=True,
                     special_characters=True)
In[14]: graph = graphviz.Source(dot_data)
        graph
```

연습문제

아래 물음에 [보기]에서 알맞은 용어를 골라서 답하시오.

[보기] 비지도 학습, 지도 학습, 훈련 데이터, 테스트 데이터, 분류, 클러스터링

1. 측정값과 타겟값을 전달하여 모델을 학습시킨 후에 새로운 데이터를 예측하는 학습방법은 무엇인가?
2. 타겟 데이터가 없이 측정값의 분포 또는 어떤 특징을 찾는데 활용하는 학습 방법은 무엇인가?
3. 주로 비지도 학습을 사용하여 입력 데이터를 그룹화하는 것은 무엇인가?
4. 타겟 데이터에 따라 지도 학습을 수행하여 새로운 데이터의 레이블을 결정하는 것을 무엇이라 부르는가?
5. 훈련이 끝난 모델의 성능을 평가할 때 사용하는 데이터는 무엇인가?

실습문제

1. 다음과 같이 scikit-learn 라이브러리에서 유방암(breast cancer) 데이터를 다운로드하여 k-nn 알고리즘에 의한 분류를 시행하시오.
   1) scikit-learn 라이브러리에서 load_breast_cancer 모듈을 import 하고 다른 필요한 모듈도 import 하시오.
   2) load_breast_cancer() 함수를 실행하여 유방암 데이터를 다운로드 하시오.
   3) 유방암 데이터의 75%는 훈련데이터로 설정하고, 나머지 25%는 테스트 데이터로 나누시오.

4) k-nn 모델을 생성하시오.
5) 생성한 k-nn 모델을 훈련 데이터에 적용하여 학습을 수행하시오.
6) 학습이 끝난 k-nn 모델을 테스트 데이터에 적용하여 분류를 시행하시오.
7) score() 함수를 사용하여 분류 성능을 출력하시오.

2. 위의 유방암(breast_cancer) 데이터에 결정트리 기법에 의한 분류를 시행하시오.
3. 위의 유방암(breast_cancer) 데이터에 결정트리 기법과 k-nn 알고리즘을 1000번 시행 한 후에 평균 score를 비교하시오.

제13장
신경망과 딥러닝

13.1 신경망(Neural Networks)의 개념

인공 신경망(Artificial Neural Networks) 혹은 신경망(Neural Networks)은 생물학적인 신경망에서 영감을 받아 두뇌의 뉴런과 이를 연결하는 시냅스를 흉내내려는 시도로 만들어 졌다. 신경망은 뉴런과 시냅스 대신에 노드(node)와 연결선(connection)으로 구성된다. 신경망을 연구하던 초기에는 생물학적인 두뇌가 작동하는 방식을 흉내 내는 것에 초점을 맞추었으나 이후에 다양한 학습방법을 고안하는데 중점을 두면서 직접 모델링을 하기 힘든 복잡한 문제를 해결하는 방향으로 발전하여 현재의 딥러닝까지 이르렀다.

신경망은 다른 문제 해결 방식에 비해 여러 가지 장점이 있는데 첫 번째는 문제 해결을 위한 직접적인 프로그래밍이 필요 없는 블랙박스 모델(black–box model)이라는 점이다. 예를 들어 개와 고양이를 구분하는 문제를 해결하려고 할 때 어떤 방식으로 접근해야 하는지 프로그램을 작성하는 것은 매우 어려운 일이다. 이런 경우에 신경망을 이용하면 개와 고양이 이미지를 입력 데이터로 하여 이들 데이터로 부터 학습을 함으로써 분류 문제를 해결할 수 있다. 두 번째는 몇 개의 데이터에 오류가 있거나 몇 개의 노드가 오작동하더라도 전체적인 성능에는 큰 영향이 없다는 점이다.

13.1.1 신경망의 구조

신경망은 그림 13–1에 나타낸 바와 같이 크게 입력층(input layer), 은닉층(hidden layer), 출력층(output layer)로 구성된다. 각 층은 노드를 포함하는데 이 노드들은 연결선으로 연결되어 있으며 연결선은 가중치(weight)를 가지고 있다.

은닉층에 있는 노드는 입력층의 노드로 부터 신호를 받아서 연결선 가중치와 곱한 값의 합을 구한 후에 활성함수(activation function)를 적용하여 출력을 계산한다. 아래 그림에서 은닉층의 첫 번째 노드에 대해 입력값을 구하면 다음과 같다.

$$net_1 = x_1 w_{11} + x_2 w_{12} + \cdots x_{1n} w_{1n} + b = \sum_{i=1}^{n} x_i w_{1i} + b$$

위에서 b는 바이어스(bias)라고 불리는 값으로서 어떤 일정한 값에 도달한 뉴런(노드)만을 활성화하기 위한 임계값이다. 위와 같이 구한 입력값에 활성함수 E를 적용하여 노드의 출력값을 구한다. 일반적으로 많이 쓰이는 활성화 함수는 시그모이드 함수(sigmoid function)이다.

$$\phi(net_1) = \frac{1}{1+e^{net_1}}$$

은닉층의 모든 노드에 대해 위와 같은 방식으로 출력값을 구할 수 있다. 출력층의 노드에 대해서도 같은 방식으로 입력값과 출력값을 구할 수 있다. 이 모든 과정을 순방향 전파(forward propagation)이라고 부른다.

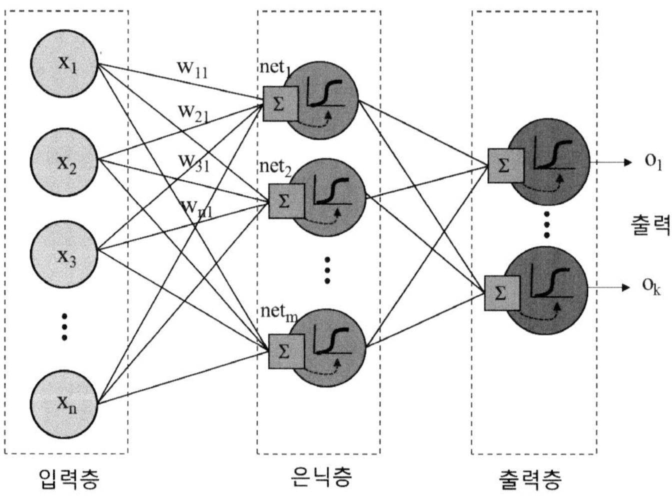

그림 13-1 신경망의 구조

13.1.2 신경망의 학습

위에서 계산한 출력층의 출력과 데이터의 타겟과 비교하면 필연적으로 오차가 발생할 것이다. 이 오차를 줄여 나가는 과정을 신경망의 학습(learning)이라고 부른다. 조금 더 자세히 말하면 신경망의 학습이란 오차의 원인을 찾아서 오차를 줄이는 방향으로 연결선의 가중치를 갱신해 가는 과정을 의미한다. 오차의 원인을 찾는 과정은 출력층부터 은닉층과 입력층 방향으로 진행하는데 이를 역방향 전파(backward propagation)라고 부른다. 역방향 전파 과정은 경사 하강법(gradient descent)을 이용하여 오차를 최소로 하는 연결선 가중치를 찾는 과정인데 자세한 내용은 본 교재의 범위를 벗어나므로 개략적인 과정만을 소개한다.

신경망의 학습은 다음과 같은 과정으로 이루어진다.

1) 훈련 데이터의 각 샘플에 대해 다음과 같은 작업을 반복한다.
2) 연결선의 값의 임의의 실수 값으로 초기화한다.
3) 순방향 전파를 시행하여 각 층의 노드의 출력값을 계산한다.
4) 출력층 노드의 출력값과 타겟값을 비교하여 오차를 계산한다.
5) 오차값에 따라 역방향 전파를 시행하여 경사 하강법으로 연결선 가중치를 갱신한다.
6) 미리 정한 종료조건을 만족할 때까지 위의 과정을 반복한다.

13.2 신경망의 구현

이 장에서는 텐서플로우와 케라스를 사용하여 신경망을 구현해 보자. 케라스는 텐서플로우 위에 구현된 고수준 라이브러리로서 텐서플로우를 설치하면 자동적으로 설치된다. 1장에서 아나콘다를 설치하였는데 윈도우의 아나콘다 프롬프트(Anaconda Prompt)에서 "conda install tensorflow" 명령으로 텐서플로우를 설치할 수 있다.

13.2.1 아이리스 데이터를 신경망으로 분류하기

케라스는 레고를 조합하듯이 각 층을 조합하여 신경망을 만들 수 있다. 가장 간단한 모델은 Sequential 선형모델이다. 이제 케라스를 이용하여 아이리스 데이터에 대한 신경망을 만들고, 학습하고, 성능을 테스트하여 보자. 먼저 다음과 같이 필요한 모듈을 불러 온다.

```
In[1]: from tensorflow import keras
In[2]: from keras.layers import Dense
In[3]: from sklearn import datasets
In[4]: from sklearn.model_selection import train_test_split
```

```
In[5]: from sklearn.preprocessing import OneHotEncoder
```

In[1]: 텐서플로우에서 케라스를 불러 온다.

In[2]: Dense는 한 층(layer)의 모든 노드가 다음 층의 모든 노드에 연결선으로 연결되어 있는 구조를 말한다.

In[3]: 아이리스 데이터를 처리하는 모듈을 불러온다.

In[4]: 데이터를 훈련 데이터와 테스트 데이터로 나누어주는 유틸리티를 포함하는 모듈을 불러 온다.

In[5]: 아이리스를 분류하는 문제는 3종류로 분리하는 문제이다. 출력층의 출력을 3개로 만들어 [0, 0, 1]는 setosa, [0, 1, 0]은 virginica, [1, 0, 0]은 versicolor를 나타내는 표현으로 바꾸는 유틸리티를 불러 온다.

```
In[6]: iris = load_iris()
In[7]: data = iris.data
       targ = iris.target

In[8]: encoder = OneHotEncoder()
In[9]: target = encoder.fit_transform(targ.reshape(-1,1)).toarray()
```

In[6]: scikit−learn 라이브러리에서 제공하는 아이리스 데이터를 다운로드한다.

In[7]: 아이리스 데이터에서 꽃받침과 꽃잎의 측정값을 data 변수에 저장하고, 타겟은 targ변수에 저장한다. targ의 값은 11.3.1의 Out[6]에서 보듯이 0,1,2의 값으로 아이리스 샘플을 3종류로 구분한다.

In[8]: encoder란 이름으로 OneHotEncoder를 생성한다. OneHotEncoder는 위의 In[5]에서 언급하였듯이 n개의 타겟으로 분류하는 문제에서 타겟을 n−1개의 0과 한 개의 1로 구성된 벡터로 변환하는 함수이다. 즉, 3종류의 분류 문제에서 타겟 0은 [1, 0, 0]으로 변환되고, 타겟 1은 [0, 1, 0]으로 변환되며, 타겟 2는 [0, 0, 1]로 변환된다.

In[9]: encoder를 targ에 적용하여 원−핫−인코딩 형태의 target 배열을 만든다. reshape() 함수는 배열의 차원 및 형태를 변환한다. 행에 해당하는 인수에 −1을 지정하면 열의 갯수에 따라 자동적으로 행의 갯수가 정해진다. 아래와 같이 target의 값을 출력하여 원−핫−인코딩 형태를 확인할 수 있다.

```
In[10]: print(target)
Out[10]:
array([[1., 0., 0.],
       [1., 0., 0.],
       [1., 0., 0.],
           중략
       [0., 1., 0.],
       [0., 1., 0.],
       [0., 1., 0.],
           중략
       [0., 0., 1.],
       [0., 0., 1.],
       [0., 0., 1.]])
```

이제 데이터를 훈련 데이터와 테스트 데이터로 나누고 데이터의 차원을 확인해 보자.

```
In[11]: X_train, X_test, Y_train, Y_test =
          train_test_split(iris.data, iris.target, train_size=0.8)
In[12]: X_train.shape, X_test.shape, Y_train.shape, Y_test.shape
Out[12]: ((120, 4), (30, 4), (120, 3), (30, 3))
```

In[11]: 분류기(classifier)를 훈련하고 테스트 하려면 데이터를 훈련 데이터와 테스트 데이터로 나누어서 실행을 해야 한다. 아이리스 데이터는 150개의 샘플로 구성되어 있다. 이 중에서 80%인 120개 샘플은 는 훈련 데이터로 사용하고 나머지 20%인 30개 샘플은 테스트 데이터로 사용한다.

In[12]: 훈련 데이터와 테스트 데이터의 차원을 확인하면 각각 120개 샘플과 30개 샘플로 나누어 진 것을 확인할 수 있다. 그리고 측정값은 4개이며 (꽃받침의 길이와 넓이, 꽃잎의 길이와 넓이) 타겟은 원-핫-인코딩 형태이 3개 값(3차원 벡터)으로 구성된 것을 알 수 있다.

```
In[13]: model = keras.models.Sequential()
In[14]: model.add(Dense(10, activation='sigmoid',
                        input_shape=(4,)))
In[15]: model.add(Dense(10,activation='relu'))
In[16]: model.add(Dense(3, activation='softmax'))
```

In[13]: 케라스의 Sequential 모델을 생성하여 model 객체에 저장한다.

In[14]: 첫 번째 은닉층을 생성하고 입력층과 연결한다. 은닉층의 노드 갯수는 10개로 지정하고 입력층의 노드는 측정값의 차원과 같은 4개로 지정한다. 활성화 함수는 sigmoid 함수로 설정한다.

In[15]: 두 번째 은닉층을 생성하고 첫 번째 은닉층과 연결한다. 활성화 함수는 relu 함수로 설정한다. relu 함수는 sigmoid 함수의 단점을 보강한 함수로서 sigmoid 함수와 유사하다고 보면 된다.

In[16]: 출력층을 생성하고 활성화 함수는 대부분의 출력층에 사용되는 softmax 함수를 지정한다. 이와 같이 구조를 설정한 후에 다음과 같이 compile() 함수로 모델을 생성한다.

```
In[17]: model.compile(loss='categorical_crossentropy',
                      metrics='accuracy')
In[18]: model.summary()
Out[18]:
Model: "sequential"
_________________________________________________________________
Layer (type)                 Output Shape              Param #
=================================================================
dense (Dense)                (None, 10)                50
_________________________________________________________________
dense_1 (Dense)              (None, 10)                110
_________________________________________________________________
dense_2 (Dense)              (None, 3)                 33
=================================================================
Total params: 193
Trainable params: 193
Non-trainable params: 0
```

In[17]: loss 함수는 오차를 어떻게 표현하는가를 지정하는 함수로서 여기서는 종류를 구분하는 개념인 카테고리(그룹) 기반 엔트로피 함수를 지정한다. 다른 인수에 대한 설명은 생략하고 그대로 사용한다.

In[18]: 생성한 모델은 summary() 함수로 확인할 수 있다. 2개의 은닉층과 1개의 출력층이 생성된 것을 확인할 수 있다.

```
In[19]: model.fit(X_train, Y_train, epochs=100)

In[20]: score = model.evaluate(X_test, Y_test, verbose=1)
In[21]: print('Correct=', score[1], 'loss=', score[0])

accuracy: 1.0000
Correct= 1.0 loss= 0.07533828914165497
```

In[19]: 훈련 데이터에 fit() 함수를 적용하여 생성한 모델의 학습을 수행한다. 한 epoch는 모든 샘플을 모델에 적용하여 순방향 전파와 역방향 전파 후에 가중치를 갱신하는 과정을 의미하면 이 과정을 100번 반복한다.

In[20]: 모델 학습이 끝나면 테스트 데이터를 가지고 성능을 측정한다. 측정 결과는 score 객체에 저장된다.

In[21]: 분류의 정확도는 score[1]에 저장되어 있다. 위의 경우에는 100% 정확하게 분류를 하였지만 다시 실행하면 정확도가 변할 수 있다. 이는 In[11]에서 훈련 데이터와 테스트 데이터를 매번 다르게 나누기 때문에 정확도에 약간의 변동이 있기 때문이다.

이와 같이 케라스를 이용하여 간단하게나마 딥러닝을 위한 신경망을 생성하고 분류를 수행해 보았다.

13.2.2 필기 숫자 데이터 분류하기

scikit-learn 라이브러리에서 제공하는 필기 숫자 데이터는 0부터 9까지의 필기체 숫자에 대한 8x8 크기의 이미지 데이터로서 샘플은 모두 1797개이다.

```
In[1]: from tensorflow import keras
       from keras.layers import Dense
       from sklearn import datasets
       from sklearn.model_selection import train_test_split
       from sklearn.preprocessing import OneHotEncoder
       import matplotlib.pyplot as plt
```

In[1]: 필요한 모든 모듈을 import 한다.

```
In[2]: digits = datasets.load_digits()
       data = digits.data
       targ = digits.target
```

In[2]: scikit−learn 라이브러리의 digits 데이터를 다운로드하여 데이터와 타겟으로 저장한다.

```
In[3]: encoder = OneHotEncoder()
       target = encoder.fit_transform(targ.reshape(-1,1)).toarray()

In[4]: plt.imshow(digits.images[0], cmap=plt.cm.gray)
       print(target[0])
```

In[3]: 원−핫−인코더를 사용하여 타겟 데이터의 형태를 0,1,2, ..., 9와 같은 1자리 숫자에서 [1, 0, 0, 0, 0, 0, 0, 0, 0, 0], ..., [0, 0, 0, 0, 0, 0, 0, 0, 0, 1]과 같은 형식으로 변환한다.

In[4]: digits 데이터의 images속성에 2차원 배열로 이미지 형식의 데이터가 저장되어 있다. cmap은 컬러맵으로서 데이터의 크기를 색상으로 표현할 수 있도록 한다. matplot 라이브러리를 이용하여 첫 번째 이미지를 출력하면 다음과 같다.

```
Out[4]:
```

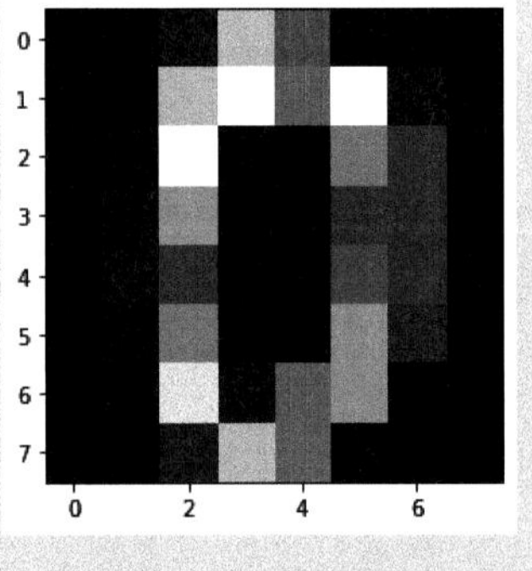


```
[1. 0. 0. 0. 0. 0. 0. 0. 0. 0.]
```

Out[4]: 숫자 '0'의 이미지가 출력된 것을 볼 수 있다. 숫자 '0'의 원−핫−인코딩 형식 값을 확인 할 수 있다.

```
In[5]: trn_data, test_data, trn_target, test_target =
              train_test_split(data, target, train_size=0.8)
In[6]: model = keras.models.Sequential()
In[7]: model.add(Dense(32, input_shape=(64, )))
       model.add(Dense(32,activation='relu'))
In[8]: model.add(Dense(10, activation='softmax'))
```

In[5]: digits 데이터를 훈련 데이터와 테스트 데이터로 나눈다.

In[6]: 케라스의 Sequential 모델을 선언한다.

In[7]: 2개의 은닉층을 생성하며 노드의 갯수는 각각 32개로 지정한다.

In[8]: 출력층을 추가하고 출력 노드는 원-핫-인코딩 형식과 동일한 10개로 지정한다.

```
In[9]: model.compile(loss='categorical_crossentropy',
                     metrics='accuracy')
In[10]: model.fit(trn_data, trn_target, epochs=300)
In[11]: score = model.evaluate(test_data, test_target, verbose=1)
        print('Correct=', score[1])
```

In[9]: 신경망 모델을 생성한다.

In[10]: 신경망 모델을 학습시킨다. digits 샘플을 300번 반복하여 신경망에 입력 시켜서 연결선 가중치를 갱신한다.

In[11]: 테스트 데이터를 사용하여 신경망 모델의 분류 성능을 측정한다. 실행에 따라 결과가 조금 차이가 있지만 96% 정도의 정확도를 보이는 것을 알 수 있다.

연습문제

1. 신경망에서 3종류의 층(layer)은 무엇인가?
2. 신경망의 한 노드에 대한 입력은 이전 층의 노드와 연결선의 ( )와의 곱의 합이다. 괄호 안에 적절한 용어는?
3. 전방향 전파와 역방향 전파 중에서 연결선의 값이 갱신되는 전파는?
4. 가장 많이 사용되는 활성화 함수를 2개 쓰시오.
5. 물고기 데이터를 도미, 방어, 숭어, 농어의 4종류로 분류하려고 할 때 원-핫-인코딩 형식으로 타겟을 나타내시오.

연습문제 모범답안

제2장

1. (2, 4, 6, 8, 9, 10)
2. (can, hundred_times)
3. (2)
4. (1, 4)
5. (1, 4, 5)
6. (2, 4)
7. (1, 3, 5)
8. (3, 4, 7)
9. (1, 5, 16, 2, −1)
10. (False, True, True, False, True)

제3장

1. (import turtle as t)
2. forward(100)
3. right(45)
4. setheading(180)
5. penup()
6. pos()
7. pensize()
8. pencolor()
9. onkey(moveLeft, 'Left')
10. onscreenclick(draw, 3)

제4장

1. (0)
2. (1, 3)
3. (1, 4)
6.
   1) (n2)
   2) (2)
   3) (p3)
7. (3,4)
8. (30)
9. (1)

제5장

1.
   1) for k in range(10, 101, 1):
   2) for e in range(20, 51, 2):
   3) for rate in range(10, 0, −1):
   4) for m in range(100, 9, −5):
2. (2, 4)
3. (3, 4)
4. (4)

5. (3)

6. (2)

8. (3)

9. (6)

제6장

1. (3)

2. (함수를 호출하지 않았다.)

3. (4)

4. (2)

5. (100) – 함수내의 계산은 지역변수이므로 영향X

6. (2.0)

7. (9)

8. (12)

9. (5 6)

10 (4)

제7장

1. (2,5,7,8)

2. (마지막 문장에 인덱스가 0~2에서 벗어났기 때문.)

3. (4, range(len(nlist)))

4 (12)

5. ([1, 3, 5, 7])

6. ([0, 3, 6, 9])

7. ([3, 0, 0, 4])

8. ([1, 9])

9. (nlist2 = nlist.copy())

10. (nlist.pop())

11. (튜플의 원소를 변경할 수 없으므로 오류발생)

12. ((1, 2, 3, 4, 5, 6, 7))

13. (튜플의 원소가 하나일 때는 쉼표를 추가해야 한다 ntuple += (6,))

14. (person["age"] = 30)

15. (fruits[2]["amount"] = 1500)

16. (students.pop("tom"))

17. (s2 = s1.copy())

18. (k = s.keys())

제8장

1. 'Pyth'

2. 'ful'

3. ['Python', 'is', 'easy', 'and', 'useful']

4. str.replace(' ', '/')

5. Value Error : index() 함수는 문자열을 찾는 문자열이 없으면 오류 발생

6. str.count('e')

7. str.index('i') str.find('i')

8. str.title()

9. len(str)

10. str.upper()

11. (fid = open("myfile.css", "r")

12. (outfile = open("ofile.css", "w")
13. (line = fid.readline())
14. (line = fid.readline().strip())
15. (ofile.write("This is data.₩n"))

제9장

1. class Apple(Fruit) :
2. super().__init__(self, model, color, year)

제10장

1. ar = np.array([2,3,4,5])
2. ar = np.zeros(5)
3. ar2 = np.zeros([2,4])
4. ar2 = np.ones([3,2])
5. ar2 = ar.reshape([2,2])
6. pd.Series([4, 7, 1, 3, 5])
7. pd.Series([4, 7, 1, 3, 5], index=[2018, 2019, 2020, 2021, 2022])
8. df = pd.DataFrame(data, columns = ['city', 'temperature', 'rank'])
9. print(df.ix[1])
10. plt.bar(year, amt), plt.show()
11. plt.scatter(x, y), plt.show()
12. plt.plot(person, score) plt.show()

제12장

1. (지도학습)
2. (비지도 학습)
3. (클러스터링)
5. (테스트 데이터)

찾아보기

R

S

T

U

숫자